TABLEAUX ÉLÉMENTAIRES

DE

LA LANGUE LATINE,

SUIVIS

D'EXERCICES LATINS ET FRANÇAIS SUR LES CONJUGAISONS.

Par L. BENTZ,

Régent du Collège de Saint-Dié (Vosges).

A SAINT-DIÉ, CHEZ L'AUTEUR.

1832.

TABLEAUX ÉLÉMENTAIRES

DE

LA LANGUE LATINE.

Par Bentz, *Régent du Collège de Saint-Dié.*

A. SAINT-DIÉ (Vosges),

CHEZ L'AUTEUR.

1832.

NOTIONS PRÉLIMINAIRES.

1° Il y a en latin neuf sortes de mots , qui sont :

Le *Substantif*, l'*Adjectif*, le *Pronom*, le *Verbe*, le *Participe*, la *Préposition*, l'*Adverbe*, la *Conjonction* et l'*Interjection*.

Note. Il n'y a pas d'article en latin.

2° Le *Substantif* est un mot qui sert à nommer une personne ou une chose, comme : *Pierre*, *Paul*, *Livre*, *Chapeau*. (*Voyez* 1er *Tableau*).

3° L'*Adjectif* est un mot qui qualifie le substantif, c'est-à-dire qui indique comment est la personne ou la chose dont il s'agit, comme : *bon* père, *bonne* mère, *beau* livre , *belle* image. Les mots *bon*, *bonne*, *beau*, *belle*, sont des adjectifs. (*Voyez le* 2e *Tableau*).

Note. On connaît un adjectif quand on peut y joindre le mot *chose* ou *personne*; ainsi, *utile*, *savant*, sont des adjectifs, parce qu'on peut dire : *chose utile*, *personne savante*.

4° Le *Pronom* est un mot qui nous représente les personnes et les choses sans les nommer; il sert à éviter la répétition du substantif; exemple : *Dieu est bon*, il *aime les enfans sages*; au lieu de dire : *Dieu est bon*, *Dieu aime*, etc. (*Voyez le* 4e *Tableau*).

5° Le *Verbe* est un mot qui sert à exprimer qu'on est ou qu'on fait quelque chose; exemple : je *lis*, tu *lis*, etc. (*Voyez le* 5e *Tableau et les suivans*).

Note. On connaît qu'un mot est un verbe quand on peut y ajouter ces pronoms : *je*, *tu*, *il*, *elle*, *nous*, *vous*, *ils*, *elles*.

6° Le *Participe* est un mot qui exprime , de même que le verbe , qu'on est , ou qu'on fait quelque chose; mais il a la forme de l'adjectif, et en suit toutes les modifications.

7° La *Préposition* est un mot qui se met devant un substantif ou un pronom , et qui veut ce substantif ou ce pronom à l'accusatif ou à l'ablatif. (*Voyez le* 20e *Tableau*).

8° L'*Adverbe* est un mot qui se met avec un verbe, un adjectif, ou avec un autre adverbe, pour en déterminer la signification. (*Voyez le* 21e *Tableau*).

9° La *Conjonction* est un mot qui sert à lier entre elles les phrases et les parties d'une phrase. (*Voyez le* 21e *Tableau*).

10° L'*Interjection* est un mot qui sert à exprimer les différens mouvemens et impressions de notre âme. (*Voyez le* 22e *Tableau*).

Note. Le substantif, l'adjectif, le pronom, le verbe, le participe sont des mots variables, c'est-à-dire, ils prennent différentes terminaisons; au contraire, la préposition, l'adverbe, la conjonction et l'interjection sont des mots invariables, c'est-à-dire, ils ne changent jamais de terminaisons.

DES SUBSTANTIFS.

Le *Substantif*, qu'on appelle aussi *nom*, est ou *nom propre* ou *nom commun*. Il est nom propre, quand il ne convient qu'à telle ou telle personne, à telle ou telle chose. Il est nom commun, quand il convient à tous les individus, ou à toutes les choses d'une même espèce. Exemple : le mot *homme* convient à tous les individus ; mais le mot *Paul* ne convient qu'à tel ou tel homme en particulier. Le mot *fluvius*, fleuve, désigne tous les fleuves en général ; mais le mot *Sequana*, la Seine, ne convient qu'à un seul.

Dans les substantifs il faut considérer quatre choses, 1° le *genre* ; 2° le *nombre* ; 3° le *cas* ; 4° la *déclinaison*.

GENRES.

Il y a trois genres, le *masculin*, le *féminin* et le *neutre*. Ce dernier signifie *ni l'un, ni l'autre*, parce qu'il renferme des noms qui ne sont ni masculins, ni féminins.

NOMBRES.

Il y a deux nombres : le *singulier*, quand on parle d'une seule personne ou d'une seule chose, comme *un homme, une fleur* ; le *pluriel*, quand on parle de plusieurs personnes ou de plusieurs choses, comme *les hommes, les fleurs*.

CAS.

Il y a six cas, c'est-à-dire six différentes manières de finir un nom. Ces cas sont : le *nominatif*, le *vocatif*, le *génitif*, le *datif*, l'*accusatif* et l'*ablatif*.

Le vocatif est toujours semblable au nominatif, tant au singulier qu'au pluriel, excepté la seconde déclinaison, modèle en *us*, dont le vocatif singulier change *us* en *e* : *hortus*, vocatif *horte*.

Le datif et l'ablatif pluriel se ressemblent toujours aussi.

Les noms neutres ont trois cas semblables au singulier comme au pluriel ; ce sont : le nominatif, le vocatif et l'accusatif ; au pluriel ces trois cas sont terminés en *a*.

DÉCLINAISONS.

Il y a cinq déclinaisons, c'est-à-dire cinq formes de terminaisons. On les distingue par le génitif. La première déclinaison a le génitif singulier en *æ* ; la seconde, en *i* ; la troisième, en *is* ; la quatrième, en *us* ; la cinquième, en *ei*.

Réciter de suite les six cas d'un nom au singulier et au pluriel, cela s'appelle *décliner*.

Des Déclinaisons des Substantifs.

Paradigmes des cinq déclinaisons

	1re DÉCLINAIS. (En a.)	2e DÉCLINAISON. (En us, r et um.)	3e DÉCLINAISON. (En a, e, o, c, l, n, r, s, t, x.)	4e DÉCLINAISON. (En us et u.)	5e DÉCLINAISON. (En es.)
	SINGULIER.	SINGULIER.	SINGULIER.	SINGULIER.	SINGULIER.
Nomin.	Rosa, f., la rose.	Hortus, m., le jardin.	Soror, f., la sœur.	Manus, f., la main.	Dies, m. et f., le jour.
Vocatif.	Rosa, ô rose.	Horte, ô jardin.	Soror, ô sœur.	Manus, ô main.	Dies, ô jour.
Génitif.	Rosæ, de la rose.	Horti, du jardin.	Sororis, de la sœur.	Manûs, de la main.	Diei, du jour.
Datif.	Rosæ, à la rose.	Horto, au jardin.	Sorori, à la sœur.	Manui, à la main.	Diei, au jour.
Accusa.	Rosam, la rose.	Hortum, le jardin.	Sororem, la sœur.	Manum, la main.	Diem, le jour.
Ablatif.	Rosâ, de la rose.	Horto, du jardin.	Sorore, de la sœur.	Manu, de la main.	Die, du jour.
	PLURIEL.	PLURIEL.	PLURIEL.	PLURIEL.	PLURIEL.
Nomin.	Rosæ, les roses.	Horti, les jardins.	Sorores, les sœurs.	Manus, les mains.	Dies, les jours.
Vocatif.	Rosæ, ô roses.	Horti, ô jardins.	Sorores, ô sœurs.	Manus, ô mains.	Dies, ô jours.
Génitif.	Rosarum, des ro.	Hortorum, des jardins.	Sororum, des sœurs.	Manuum, des mains.	Dierum, des jours.
Datif.	Rosis, aux roses.	Hortis, aux jardins.	Sororibus, aux sœurs.	Manibus, aux mains.	Diebus, aux jours.
Accusa.	Rosas, les roses.	Hortos, les jardins.	Sorores, les sœurs.	Manus, les mains.	Dies, les jours.
Ablatif.	Rosis, des roses.	Hortis, des jardins.	Sororibus, des sœurs.	Manibus, des mains.	Diebus, des jours.

2e déclinaison — Terminaison en r.

	SINGULIER.		PLURIEL.
Nomin.	Puer, m., l'enfant.	Nomin.	Pueri, les enfans.
Vocatif.	Puer, ô enfant.	Vocatif.	Pueri, ô enfans.
Génitif.	Pueri, de l'enfant.	Génitif.	Puerorum, des enfans.
Datif.	Puero, à l'enfant.	Datif.	Pueris, aux enfans.
Accusa.	Puerum, l'enfant.	Accusa.	Pueros, les enfans.
Ablatif.	Puero, de l'enfant.	Ablatif.	Pueris, des enfans.

3e déclinaison — autre modèle.

	SINGULIER.		PLURIEL.
Nomin.	Avis, f., l'oiseau.	Nomin.	Aves, les oiseaux.
Vocatif.	Avis, ô oiseau.	Vocatif.	Aves, ô oiseaux.
Génitif.	Avis, de l'oiseau.	Génitif.	Avium, des oiseaux.
Datif.	Avi, à l'oiseau.	Datif.	Avibus, aux oiseaux.
Accusa.	Avem, l'oiseau.	Accusa.	Aves, les oiseaux.
Ablatif.	Ave, de l'oiseau.	Ablatif.	Avibus, des oiseaux.

5e déclinaison — Autre modèle. (En r.)

	SINGULIER.		PLURIEL.
Nomin.	Res, f., la chose.	Nomin.	Res, les choses.
Vocatif.	Res, ô chose.	Vocatif.	Res, ô choses.
Génitif.	Rei, de la chose.	Génitif.	Rerum, des choses.
Datif.	Rei, à la chose.	Datif.	Rebus, aux choses.
Accusa.	Rem, la chose.	Accusa.	Res, les choses.
Ablatif.	Re, de la chose.	Ablatif.	Rebus, des choses.

Terminaison en um (2e) / Terminaison en u (4e).

	2e — Templum	3e — Corpus	4e — Cornu
	SINGULIER.	SINGULIER.	SINGULIER.
N.V.Ac.	Templum, n., le temple	Corpus, n., le corps.	Cornu, n., la corne.
Génitif.	Templi, du temple.	Corporis, du corps.	(Pour tous les cas du singulier).
Datif.	Templo, au temple.	Corpori, au corps.	
Ablatif.	Templo, du temple.	Corpore, du corps.	
	PLURIEL.	PLURIEL.	PLURIEL.
N.V.Ac.	Templa, les temples.	Corpora, les corps.	Cornua, les cornes.
Génitif.	Templorum, des temples	Corporum, des corps	Cornuum, des cornes
Datif.	Templis, aux temples.	Corporibus, aux cor.	Cornibus, aux cornes
Ablatif.	Templis, des temples.	Corporibus, des cor.	Cornibus, des cornes

TERMINAISONS des autres déclinaisons.

	1re	2e	3e	4e	5e
Nomin.	a	us		us	es
Vocatif.	a	e		us	es
Génitif.	æ	i	is	ûs	ei
Datif.	æ	o	i	ui	ei
Accusa.	am	um	em	um	em
Ablatif.	â	o	e	u	e
PL.	PL.	PL.	PL.	PL.	PL.
Nomin.	æ	i	es	us	es
Vocatif.	æ	i	es	us	es
Génitif.	arum	orum	um	uum	erum
Datif.	is	is	ibus	ibus	ebus
Accusa.	as	is	es	us	es
Ablatif.	is	is	ibus	ibus	ebus

En r. : r, r, i, o, um, o.
En um. : um, i, o, a, orum, is, is.
En u. : u, u, us, ua, uum, ibus, ibus.

NOMS À DÉCLINER.

Sur la 1re.
Hora, æ, l'heure.
Statua, æ, la Statue.
Mensa, æ, la table.
Herba, æ, l'herbe.
Stella, æ, l'étoile.

Sans singulier sont :
Divitiæ, arum, les richesses.
Tenebræ, arum, les ténèbres.
Nuptiæ, arum, les noces.
Athenæ, arum, Athènes.
Thebæ, arum, Thèbes, etc.

Sur la 2e.
Dominus, i, le seigneur.
Populus, i, le peuple.
Lupus, i, le loup.
Oculus, i, l'œil.
Cibus, i, la nourriture.
Corvus, i, le corbeau.
Capillus, i, le cheveu.
Nidus, i, le nid.

Ager, gri, le champ.
Magister, tri, le maître.
Aper, pri, le sanglier.
Liber, bri, le livre.
Socer, ceri, le beau-père.
Gener, neri, le gendre.
Vir, viri, l'homme.

Exemplum, i, l'exemple.
Bellum, i, la guerre.
Membrum, i, le membre.
Pratum, i, le pré.
Tectum, i, le toit.
Vinum, i, le vin.
Brachium, chii, le bras.
Folium, lii, la feuille.
Studium, dii, l'étude.
Vitium, tii, le vice.

Sans singulier sont :
Castra, trorum, le camp.
Arma, morum, les armes.

Sur la 3e.
Virtus, utis, la vertu.
Leo, onis, le lion.
Pater, tris, le père.

Mater, tris, la mère.
Color, oris, la couleur.
Homo, minis, l'homme.
Judex, dicis, le juge.
Sermo, monis, le discours.
Miles, itis, le soldat.
Lapis, pidis, la pierre.
Paries, etis, le mur.
Opifex, ficis, l'artisan.
Hiems, iemis, l'hiver.
Consul, sulis, le consul.

Nubes, bis, le nuage.
Ovis, vis, la brebis.
Nox, noctis, la nuit.
Mons, montis, la montagne.
Fons, fontis, la fontaine.
Mensis, sis, le mois.
Urbs, bis, la ville.

Tempus, poris, le temps.
Lumen, minis, la lumière.
Caput, pitis, la tête.
Vulnus, neris, la blessure.
Genus, neris, le genre.
Carmen, minis, le chant.
Fulgur, guris, l'éclair.
Opus, operis, l'ouvrage.

Sur la 4e.
Vultus, tûs, le visage.
Fructus, tûs, le fruit.
Casus, sûs, la chute.
Exercitus, tûs, l'armée.
Currus, rûs, le char.
Gradus, dûs, le degré.
Passus, sûs, le pas.
Gemitus, tûs, le gémissement.

Genu, le genou.
Tonitru, le tonnerre.
Testu, le plancher.

Sur la 5e.
Effigies, ei, le portrait.
Species, ei, l'apparence.

Sans pluriel sont :
Facies, ei, la face.
Pernicies, ei, le malheur.
Spes, spei, l'espérance.

REMARQUES SUR LES DÉCLINAISONS.

SUR LA PREMIÈRE DÉCLINAISON.

1° Les substantifs de cette déclinaison ont le nominatif singulier en *a*; le génitif singulier en *æ*, et le génitif pluriel en *arum*.

2° Quelques substantif de cette déclinaison ont le datif et l'ablatif pluriel en *abus*; ce sont : *anima*, *filia*, *famula*, *dea*, *domina*, *hera*, *asina*, *equa*, *mula*, *nata*, *socia*, *sponsa*, *liberta*, *serva*. C'est pour les distinguer des masculins, *animus*, *filius*, etc., qui forment le datif et l'ablatif du pluriel en *is*.

3° Il y a quelques noms propres et d'autres tirés de la langue grecque, qui ne suivent pas dans tous les cas le modèle *rosa*. On les décline ainsi :

No. Æneas, Enée.	Musice, la musique.	Cometes, la comète.	Ainsi se déclinent :
Voc. Ænea, ô Enée.	Musice, ô musique.	Comete, ô comète.	
Gén. Æneæ, d'Enée.	Musices, de la musique	Cometæ, de la comète.	Grammatice,
Dat. Æneæ, à Enée.	Musicæ, à la musique.	Cometæ, à la comète.	la grammaire.
Acc. Æneam ou an, Enée.	Musicen, la musique.	Cometen, la comète.	Rhetorice, la
Abl. Æneâ, d'Enée.	Musice, de la musique.	Comete, de la comète.	rhétorique, etc.

Le pluriel de ces noms se décline comme *rosæ*, *arum*, etc.

(Les noms propres n'ont pas de pluriel.)

SUR LA DEUXIÈME DÉCLINAISON.

1° La seconde déclinaison comprend, 1° des substantifs masculins et féminins en *us*; 2° des substantifs masculins en *er* ou *r*; 3° des substantifs neutres en *um*. Le génitif singulier est en *i*, et le génitif pluriel en *orum*.

Le datif et l'ablatif du singulier et du pluriel sont toujours semblables.

2° Il y a quelques noms en *ius*, comme *filius*, le fils; *Antonius*, Antoine; *Horatius*, Horace; *Virgilius*, Virgile; ils font le vocatif en *i*, comme *fili*, *Antoni*, etc.

3° Trois noms font le vocatif semblable au nominatif; ce sont : *Agnus*, *Chorus*, *Deus*; ce dernier, au pluriel, se décline de la manière suivante : N. V. *Dii* ou par contraction *Dî*, les Dieux. G. *Deorum* ou *Deûm*. D. *Diis* ou *Dîs*. Acc. *Deos*. Ab. *Diis* ou *Dîs*.

4° Il y a quelques noms propres tirés du grec qui se déclinent ainsi. EXEMPLE : N. *Orpheus*. V. *Orpheu*. G. *Orphei* ou *Orpheos*. D. *Orpheo*. Acc. *Orpheum* ou *Orphea*. Ab. *Orpheo*.

SUR LA TROISIÈME DÉCLINAISON.

1° Cette déclinaison renferme des noms de tous les trois genres; elle a dix terminaisons pour le nominatif : *a*, *e*, *o*, *c*, *l*, *n*, *r*, *s*, *t*, *x*. Le génitif singulier est en *is*, et le génitif pluriel en *um*.

2° Plusieurs noms font le génitif pluriel en *ium*, sur *Avis*.

3° D'autres ont l'accusatif singulier en *im* et l'ablatif en *i*, comme *securis*, la hache, Acc. *securim*, Ab. *securi*; ainsi se déclinent : *sitis*, la soif; *tussis*, la toux; *tigris*, le tigre; *vis*, la force, etc.

4° Les noms neutres en *e*, en *al* et en *ar*, ont l'ablatif singulier en *i*, et les trois cas semblables du pluriel en *ia*, comme : *cubile*, le lit, Ab. *cubili*. Pluriel, *cubilia*; *animal*, Ab. *animali*. Pluriel, *animalia*, les animaux; *exemplar*, le modèle, Ab. *exemplari*. Pluriel, *exemplaria*, etc.

5° Le nom *bos*, Gén. *bovis*, le bœuf, fait au génitif pluriel *boum* et au datif et à l'ablatif *bobus*.

SUR LA QUATRIÈME DÉCLINAISON.

1° Cette déclinaison renferme des noms masculins et féminins en *us* et des neutres en *u*. Le génitif singulier des noms masculins et féminins est en *ûs* avec un accent circonflexe, et le génitif pluriel en *uum*. Les neutres sont invariables au singulier.

2° Quelques noms de cette déclinaison font le datif et l'ablatif pluriel en *ubus*; ce sont : *arcus*, l'arc; *artus*, les membres du corps; *lacus*, un lac; *partus*, l'enfantement; *portus*, un port; *tribus*, la tribu; *quercus*, un chêne; *specus*, une caverne; *ficus*, le figuier; *veru*, une broche.

3° Le nom *domus*, maison, se décline ainsi :

SINGULIER.	PLURIEL.	Le nom *Jesus* se décline ainsi :
N. V. Domus, la maison.	Domus, les maisons.	Nomin. Jesus.
Génit. Domûs et domi.	Domnum et domorum.	Vocatif. Jesu.
Datif. Domui et domo.	Domibus, aux maisons.	Génitif. Jesu.
Accus. Domum, la maison.	Domus et domos.	Datif. Jesu.
Ablat. Domu, mieux domo.	Domibus, des maisons.	Accusa. Jesum.
		Ablatif. Jesu.

SUR LA CINQUIÈME DÉCLINAISON.

1° Cette déclinaison ne renferme que des noms en *es*, qui sont tous du genre féminin. Le nom *Dies*, seul, est des deux genres.

Le génitif singulier est en *ei*, et le génitif pluriel en *erum*.

DEUXIÈME TABLEAU.

De la Déclinaison des Adjectifs.

ADJECTIFS appartenant à la 1ʳᵉ et 2ᵉ déclinaison.			ADJECTIFS APPARTENANT A LA 3ᵉ DÉCLINAISON.				ADJECTIFS A DÉCLINER.

ADJECTIFS appartenant à la 1ʳᵉ et 2ᵉ déclinaison.

Singulier.

	Masculin.	Féminin.	Neutre.
Nominatif	Bonus, bon.	Bona, bonne.	Bonum, bon.
Vocatif...	Bone	Bona	Bonum.
Génitif.	Boni	Bonæ	Boni.
Datif....	Bono	Bonæ	Bono.
Accusatif.	Bonum	Bonam	Bonum.
Ablatif..	Bono	Bonâ	Bono.

Pluriel.

	Masculin.	Féminin.	Neutre.
Nominatif	Boni, bons.	Bonæ, bonnes.	Bona.
Vocatif..	Boni	Bonæ	Bona.
Génitif...	Bonorum	Bonarum	Bonorum.
Datif....	Bonis	Bonis	Bonis.
Accusatif.	Bonos	Bonas	Bona.
Ablatif..	Bonis	Bonis	Bonis.

Terminaison en r.

Singulier.

	Masculin.	Féminin.	Neutre.
Nominatif	Pulcher, beau.	Pulchra, belle.	Pulchrum.
Vocatif...	Pulcher	Pulchra	Pulchrum.
Génitif..	Pulchri	Pulchræ	Pulchri.
Datif.....	Pulchro	Pulchræ	Pulchro.
Accusatif.	Pulchrum	Pulchram	Pulchrum.
Ablatif..	Pulchro	Pulchrâ	Pulchro.

Pluriel.

	Masculin.	Féminin.	Neutre.
Nominatif	Pulchri, beaux.	Pulchræ, belles.	Pulchra.
Vocatif...	Pulchri	Pulchræ	Pulchra.
Génitif...	Pulchrorum	Pulchrarûm	Pulchrorum
Datif....	Pulchris	Pulchris	Pulchris.
Accusatif.	Pulchros	Pulchras	Pulchra.
Ablatif..	Pulchris	Pulchris	Pulchris.

ADJECTIFS APPARTENANT A LA 3ᵉ DÉCLINAISON.

Singulier.

	Masc. et fém.	Neutre.	Masc. et fém.	Neutre.
Felix	heureux.		Utilis, utile.	Utile.
Felix			Utilis	Utile.
Felicis	} Pour les 3 genres.		Utilis	} Pour les 3 genres.
Felici			Utili	
Felicem.		Felix,	Utilem	Utile.
Felice ou Felici. Pour les 3 genres.			Utili. Pour les 3 genres.	

Pluriel.

	Masc. et fém.	Neutre.	Masc. et fém.	Neutre.
Felices		Felicia.	Utiles	Utilia.
Felices		Felicia.	Utiles	Utilia.
Felicium	} Pour les 3 genres.		Utilium	} Pour les 3 genres.
Felicibus.			Utilibûs	
Felices		Felicia.	Utiles	Utilia.
Felicibus. Pour les 3 genres.			Utilibus. Pour les 3 genres.	

Terminaison en r.

Singulier.

	Masculin.	Féminin.	Neutre.
	Acer, vif.	Acris, vive.	Acre, vif.
	Acris	Acris	Acre.
	Acris, etc.		

Le reste se décline comme *utilis.*

Déclinez sur *Utilis :*

Facilis, neutre, Facile, facile.
Fortis, neutre, Forte, fort.
Levis, neutre, Leve, léger.
Gravis, neutre, Grave, lourd.
Turpis, neutre, Turpe, honteux.
Vilis, neutre, Vile, vil.
Brevis, neutre, Breve, court.
Cœlestis, neutre, Cœleste, céleste.
Dulcis, neutre, Dulce, doux.
Omnis, neutre, Omne, tout.
Juvénis, jeune, fait au génitif pluriel juvenum.

ADJECTIFS A DÉCLINER.

Sur *Bonus, a, um :*

Doctus, a, um, savant.
Sanctus, a, um, saint.
Magnus, a, um, grand.
Parvus, a, um, petit.
Longus, a, um, long.
Latus, a, um, large.
Plenus, a, um, plein.
Gratus, a, um, agréable.
Candidus, a, um, blanc.
Avarus, a, um, avare.

Et tous les participes du futur actif en rus, ra, rum, et du futur passif en dus, da, dum.

Sur *Pulcher, chra, chrum :*

Æger, gra, grum, malade.
Niger, gra, grum, noir.
Ruber, bra, brum, rouge.
Piger, gra, grum, paresseux.
Sacer, cra, crum, sacré.
Miser, sera, serum, misérable.
Liber, bera, berum, libre.

Sur *Felix :*

Audax, gén. Audacis, hardi.
Inops — Inopis, pauvre.
Mendax — mendacis, menteur.
Velox — Velocis, prompt.
Sapiens — Sapientis, sage.
Prudens — Prudentis, prudent.
Potens — Potentis, puissant.

Et tous les participes présens des verbes.

Sur *Acer, cris, cre :*

Celeber, bris, bre, célèbre.
Celer, leris, lere, prompt.
Alacer, cris, cre, vif.
Saluber, bris, bre, salutaire.
Silvester, tris, tre, sauvage.

REMARQUES SUR LES ADJECTIFS.

1° On voit sur le tableau qui précède, qu'il y a des adjectifs qui se déclinent d'après la 1re et la 2e, et d'autres d'après la 3e déclinaison ; il n'y en a pas sur la 4e ni sur la 5e.

2° On voit encore qu'il y a des adjectifs à trois terminaisons pour le nominatif, comme *bonus*, *bona*, *bonum*; *pulcher*, *pulchra*, *pulchrum*. La terminaison *us* et *r* est pour le masculin ; celle en *a*, pour le féminin ; celle en *um* pour le neutre.

3° Il y en a d'autres qui n'ont que deux terminaisons pour le nominatif, comme *utilis*, *utile*. La terminaison *is* est pour le masculin et le féminin ; la terminaison *e* pour le neutre. Ils font l'ablatif singulier en *i*, pour ne pas le confondre avec le neutre.

Note. Quelques adjectifs en *er*, qui se déclinent comme *utilis*, ont trois terminaisons pour le nominatif et le vocatif singulier, comme : *Acer*, *acris*, *acre*. Dans tous les autres cas ils suivent le modèle *utilis*.

4° Enfin il y a des adjectifs qui n'ont qu'une seule terminaison pour le nominatif singulier comme *felix*.

5° Les adjectifs servent à qualifier ou à désigner les substantifs ; ils doivent donc avoir les trois genres, parce qu'ils sont susceptibles d'être joints à des substantifs masculins, ou féminins ou neutres. Aussi l'adjectif doit-il se mettre au même genre, au même nombre et au même cas que le substantif qu'il qualifie. EXEMPLE :

SINGULIER.

	Masculin.	Féminin.	Neutre.
Nominatif.	Pater bonus	Mater bona	Exemplum bonum.
	Le père bon	La mère bonne	L'exemple bon.
Vocatif..	Pater bone	Mater bona	Exemplum bonum.
Génitif...	Patris boni	Matris bonæ	Exempli boni.
Datif....	Patri bono	Matri bonæ	Exemplo bono.
Accusatif..	Patrem bonum	Matrem bonam	Exemplum bonum.
Ablatif..	Patre bono	Matre bonâ	Exemplo bono.

PLURIEL.

	Masculin.	Féminin.	Neutre.
Nominatif,	Patres boni	Matres bonæ	Exempla bona.
Vocatif..	Patres boni	Matres bonæ	Exempla bona.
Génitif...	Patrum bonorum	Matrum bonarum	Exemplorum bonorum.
Datif...	Patribus bonis	Matribus bonis	Exemplis bonis.
Accusatif..	Patres bonos	Matres bonas	Exempla bona.
Ablatif...	Patribus bonis	Matribus bonis	Exemplis bonis.

DES DEGRÉS DE SIGNIFICATION.

1° Les adjectifs peuvent indiquer la qualité du substantif en plus ou en moins ; par exemple, on peut dire :

1° Pierre est savant ;

2° Pierre est *plus savant* que ses condisciples ;

3° Pierre est *très-savant* ou *le plus savant* de ses condisciples.

Savant, *plus savant*, *très-savant* ou *le plus savant*, sont trois différens degrés de signification de l'adjectif.

Le premier degré *savant*, s'appelle *positif*, c'est l'adjectif dans sa signification simple.

Le second degré *plus savant*, s'appelle *comparatif*, parce qu'il exprime une comparaison entre deux ou plusieurs objets.

Le troisième degré *très-savant* ou *le plus savant*, s'appelle *superlatif*, parce qu'il exprime la qualité au plus haut degré.

2° Le comparatif français se fait en mettant *plus* devant l'adjectif.

3° Le superlatif français se forme en mettant *le plus*, *la plus*, ou bien, *très*, *fort*, devant l'adjectif. C'est encore un superlatif quand devant *plus* il y a un des adjectifs possessifs, *mon*, *ton*, *son*, *notre*, *votre*, *leur* ; comme : mon plus fidèle ami.

FORMATION DU COMPARATIF.

4° Le comparatif latin se forme du cas du positif terminé en *i*, auquel on ajoute *or* pour le masculin et le féminin, et *us* pour le neutre. Donc pour former le comparatif d'un adjectif de la seconde déclinaison, on prend le génitif, comme *doctus*, génitif *docti* ; comparatif *doctior*. D'un adjectif de la 3e déclinaison, on prend le datif ; EXEMPLE : *utilis*, datif *utili* ; comparatif *utilior*.

Le masculin et le féminin en *or* se déclinent comme *soror*, et le neutre en *us*, comme *corpus*. EXEMPLE :

	Mas. et fém.	Neutre.	Mas. et fém.	Neutre.
Nomin.	Doctior	Doctius	Pulchrior	Pulchrius
Génitif.	Doctioris	Doctioris	Pulchrioris	Pulchrioris
Datif.	Doctiori, etc.	Doctiori, etc.	Pulchriori, etc.	Pulchriori, etc.

(*Voyez la suite après le Tableau suivant.*)

TROISIÈME TABLEAU.

Des Adjectifs numéraux.

DES ADJECTIFS NUMÉRAUX CARDINAUX.		DES ADJECTIFS NUMÉRAUX ORDINAUX.	
1. Unus—a—um .... I.	28. Octo et viginti, *ou* duodetriginta. XXVIII.	1er Primus—a—um.	21e Vicesimus primus.
2. Duo—æ—o. .... II.	29. Novem et viginti, *ou* undetriginta. XXIX.	2e Secundus.	22e Vicesimus secundus.
3. Tres—tria. .... III.	30. Triginta.................... XXX.	3e Tertius.	30e Tricesimus.
4. Quatuor................. IV.	40. Quadraginta.............. XL.	4e Quartus.	40e Quadragesimus.
5. Quinque .... V.	50. Quinquaginta.............. L.	5e Quintus.	50e Quinquagesimus.
6. Sex...................... VI.	60. Sexaginta................. LX.	6e Sextus.	60e Sexagesimus.
7. Septem .... VII.	70. Septaginta .... LXX.	7e Septimus.	70e Septuagesimus.
8. Octo .... VIII.	80. Octoginta................. LXXX.	8e Octavus.	80e Octogesimus.
9. Novem................... IX.	90. Nonaginta................. XC.	9e Nonus.	90e Nonagesimus.
10. Decem.................. X.	100. Centum.................. C.	10e Decimus.	100e Centesimus.
11. Undecim................ XI.	101. Centum et unus.......... CI.	11e Undecimus.	101e Centesimus primus.
12. Duodecim............... XII.	110. Centum et decem......... CX.	12e Duodecimus.	200e Ducentesimus.
13. Tredecim............... XIII.	200. Ducenti—tæ—ta.......... CC.	13e Decimus tertius.	300e Trecentesimus.
14. Quatuordecim.......... XIV.	300. Trecenti—tæ—ta......... CCC.	14e Decimus quartus.	400e Quadringentesimus.
15. Quindecim.............. XV.	400. Quadragenti—tæ—ta...... CCCC.	15e Decimus quintus.	500e Quingentesimus.
16. Sexdecim............... XVI.	500. Quingenti—tæ—ta......... IↃC (D).	16e Decimus sextus.	600e Sexcentesimus.
17. Septemdecim .... XVII.	600. Sexcenti—tæ—ta.......... IↃC (DC).	17e Decimus septimus.	700e Septingentesimus.
18. Octodecim, *ou* duodevigenti.. XVIII.	700. Septingenti—tæ—ta...... IↃCC (DCC).	18e Decimus octavus, *ou* Duode-vicesimus.	800e Octingentesimus.
19. Novemdecim, *ou* undeviginti. XIX.	800. Octinginti—tæ—ta....... IↃCCC (DCCC).		900e Nongentesimus.
20. Viginti.................. XX.	900. Nongenti—tæ—ta......... DCCCC.	19e Decimus nonus, *ou* undevice-simus.	1000e Millesimus.
21. Unus et viginti, *ou* viginti unus. XXI.	1000. Mille................... CIↃ (M).		2000e Bis millesimus.
22. Duo et viginti, *ou* viginti duo. XXII.	2000. Bis mille *ou* duo milia....... MM.	20e Vicesimus.	3000e Ter millesimus.

Note. Les adjectifs numéraux cardinaux sont indéclinables, excepté les trois premiers, qui se déclinent ainsi :

m.	f.	n.
N. unus — una — unum.		
G. Unius } les trois genres.		
D. Uni }		
Acc. Unum — unam — unum.		
Ab. Uno — unâ — uno.		

m.	f.	n.
Duo — duæ — duo.		
Duorum — Duarum — Duorum.		
Duobus — duabus — duobus.		
Duos ou duo — duas — duo.		
Duobus — duabus — duobus.		

m.	f.	n.
Tres — tres — tria.		
Trium } les trois genres.		
Tribus }		
Tres — tres — tria.		
Tribus.		

Note. Tous les adjectifs numéraux ordinaux se déclinent sur bonus—a—um.

Déclinez sur Unus — a — um :

				Genitif	Datif
Alter,	tera,	terum	*autre.*	Alterius.	Alteri, etc.
Ullus,	la,	lum	*aucun.*	— Ullius.	— Ulli.
Nullus,	la,	lum	*aucun.*	— Nullius.	— Nulli.
Solus,	la,	lum	*seul.*	— Solius.	— Soli.
Totus,	ta,	tum	*tout.*	— Totius.	— Toti.
Alius,	lia,	liud	*autre.*	— Alius.	— Alii.
Uter,	tra,	trum	*lequel des deux.*	— Utrius.	— Utri.
Neuter,	tra,	trum	*ni l'un ni l'autre.*	— Neutrius.	— Neutri.
Uterque,	utraque,	utrumque	*l'un et l'autre.*	— Utriusque.	— Utrique.
Alteruter,	alterutra,	alterutrum	*l'un ou l'autre.*	Alterutrius.	— Alterutri.

Sur Duo, Duæ, Duo :

Ambo, ambæ, ambo *tous les deux, tous deux.*

FORMATION DU SUPERLATIF.

5° Le superlatif latin se forme aussi du cas du positif, terminé en *i*, auquel on ajoute *ssimus, ma, mum;* comme : *docti,* superlatif : *doctissimus.* Pour tous les adjectifs en *r*, on ajoute simplement *rimus* au nominatif singulier. EXEMPLE : *pulcher,* superlatif : *pulcherrimus; miser,* superlatif : *miserrimus.*

EXCEPTIONS.

1re Quelques adjectifs en *lis*, forment leur superlatif en *illimus,* comme : *facilis, facillimus;* de même, *difficilis, imbecilis, humilis, similis, gracilis, verisimilis, agilis.*

2° Les adjectifs terminés en *dicus, ficus, volus,* comme *maledicus, beneficus, benevolus,* etc., forment leur comparatif en changeant *us* en *entior;* et leur superlatif en *entissimus.* EXEMPLE :

	Comparatif.	Superlatif.
Maledicus	Maledicentior	Maledicentissimus.
Beneficus	Beneficentior	Beneficentissimus.
Benevolus	Benevolentior	Benevolentissimus.

3° Les quatre adjectifs *bonus, malus, magnus, parvus,* forment le comparatif et le superlatif irrégulièrement, comme :

	Comparatif.	Superlatif.
Bonus, bon	Melior, meilleur	Optimus, le meilleur, ou très-bon.
Malus, mauvais	Pejor, pire	Pessimus, le pire.
Magnus, grand	Major, plus grand	Maximus, le plus grand.
Parvus, petit	Minor, plus petit, ou moindre	Minimus, le plus petit, ou le moindre.

4° Les adjectifs qui ont une voyelle devant *us*, forment le comparatif et le superlatif comme en français. EXEMPLE :

	Comparatif.	Superlatif.
Pius, pieux	Magis pius, plus pieux.	Maxime pius, très ou le plus pieux.
Conspicuus, remarquable	Magis conspicuus, plus rem.	Maxime conspicuus, très-rem.

DES PRONOMS.

1° On distingue plusieurs sortes de *pronoms :* les *pronoms personnels;* les *pronoms adjectifs démonstratifs* ou *indicatifs;* les *pronoms adjectifs possessifs;* les *pronoms relatifs,* et les *pronoms interrogatifs.*

2° Les pronoms personnels sont ceux qui rappellent l'idée des personnes sans les nommer. Il y a trois personnes : la première est celle qui parle, comme : *ego,* moi; la seconde, celle à qui l'on parle, comme *tu,* toi; la troisième, celle de qui l'on parle, comme : *sui,* de lui-même, d'elle-même, d'eux-mêmes. On les appelle aussi pronoms substantifs.

3° Les pronoms adjectifs démonstratifs servent à démontrer les objets. Ils se rapportent à la troisième personne, excepté *ipse,* qui est des trois personnes : *ego ipse,* moi-même; *tu ipse,* toi-même, etc.

4° Les pronoms adjectifs possessifs expriment la possession d'une chose, comme : *meus,* le mien; *noster,* le nôtre. On les appelle *pronoms adjectifs,* ainsi que les précédens (N° 3), parce qu'ils se rapportent toujours à un substantif exprimé ou sousentendu, avec lequel ils s'accordent en genre, en nombre et en cas; comme : *hic homo,* cet homme; *meus liber,* mon livre.

5° Les pronoms relatifs sont ceux qui se rapportent à un substantif ou à un pronom qui précède et qui s'appelle *antécédent* du pronom relatif, comme *Deus qui regnat,* Dieu *qui* règne; le mot *Deus* est l'antécédent du pronom relatif *qui,* avec lequel ce pronom s'accorde en genre et en nombre.

6° Les pronoms interrogatifs sont ceux qui servent à interroger, comme : *qui* êtes-vous? *que* demandez-vous? On peut les tourner par *quelle personne, quelle chose;* EXEMPLE : *quelle personne* êtes-vous? *quelle chose* demandez-vous?

QUATRIÈME TABLEAU.

De la Déclinaison des Pronoms.

PRONOMS PERSONNELS.	PRON. ADJ. DÉMONSTRAT.	PRONOMS ADJECTIFS POSSESSIFS.	PRONOMS RELATIFS.	
1re PERSONNE. *SINGULIER.* Nom. Ego, moi, je. Gen. Mei, de moi. Dat. Mihi, à moi, me. Acc. Me, moi, me. Abl. Me, de moi. *PLURIEL.* Nom. Nos, nous. Gen. Nostrûm *ou* Nostri, de nous. Dat. Nobis, à nous. Acc. Nos, nous. Abl. Nobis, de nous. Il n'y a pas de vocatif. **2e PERSONNE.** *SINGULIER.* Nom. Tu, toi, tu. Voc. O tu, ô toi. Gen. Tui, de toi. Dat. Tibi, à toi, te. Acc. Te, toi, te. Abl. Te, de toi. *PLURIEL.* Nom. Vos, vous. Voc. O Vos, ô vous. Gén. Vestrûm *ou* Vestri, de vous. Dat. Vobis, à vous. Acc. Vos, vous. Abl. Vobis, de vous. **3e PERSONNE.** *SINGULIER.* Nom. (Manque). Voc. (Manque). Gen. Sui, de soi, de lui-même, d'elle-même. Dat. Sibi, à soi. Acc. Se, soi, se. Abl. Se, de soi. *PLURIEL.* Nom. / Voc. / Gén. / Dat. / Acc. / Abl. Le pluriel est le même que le singulier.	*SINGULIER.* *m. f. n.* Is, Ea, Id, lui, elle. Ejus / Ei } pour les 3 genres	de lui / à lui. Eum, Eam, Id, le, la. Eo, Eâ, Eo, de lui, d'elle. *PLURIEL.* Ei, ou ii, Eæ, Ea, eux, elles. Eorum, Earum, Eorum d'eux. Iis, *ou* Eis (les trois genres). Eos, Eas, Ea, les, eux. Iis *ou* Eis (les trois genres). Il n'a pas de vocatif. **AUTRE.** *SINGULIER.* *m. f. n.* Hic, Hæc, Hoc, celui-ci, celle-ci, cela. Hujus / Huic } pour les trois genres. Hunc, Hanc, Hoc. Hoc, Hâc, Hoc. *PLURIEL.* Hi, Hæ, Hæc, ceux, celles, ces. Horum, Harum, Horum. His (les trois genres). Hos, Has, Hæc. His (les trois genres). **AUTRE.** *SINGULIER.* Ille, Illa, Illud, celui-là, celle-là, cela. Illius / Illi } pour les trois genres. Illum, Illam, Illud. Illo, Illâ, Illo. *PLURIEL.* Illi, Illæ, Illa, ceux-là, celles-là. Illorum, Illarum, Illorum. Illis (les trois genres) Illos, Illas, Illa, Illis (les trois genres).	*SINGULIER.* *m. f. n.* Meus, Mea, Meum, mon, ma, le mien. Vocatif, Mi, Mea, Meum. Mei, Meæ, Mei. Meo, Meæ, Meo. Meum, Meam, Meum. Meo, Meâ, Meo. *PLURIEL.* Mei, Meæ, Mea, mes, *ou* les miens, les miennes. Meorum, Mearum, Meorum. Meis (les trois genres). Meos, Meas, Mea. Meis (les trois genres). Le vocatif pluriel comme le nominatif. *SINGULIER.* Noster, Nostra, Nostrum, notre, le nôtre, la nôtre. Nostri, Nostræ, Nostri. Nostro, Nostræ, Nostro. Nostrum, Nostram, Nostrum. Nostro, Nostrâ, Nostro. *PLURIEL.* Nostri, Nostræ, Nostra, nos, les nôtres. Nostrorum, Nostrarum, Nostrorum. Nostris (les trois genres). Nostros, Nostras, Nostra. Nostris (les trois genres). Le vocatif des deux nombres est semblable au nominatif. *Déclinez sur Meus :* Tuus, a, um, ton, le tien. Suus, a, um, son, le sien. Cujus, a, um, à qui? Mais ils n'ont point de vocatif. *Sur Noster :* Vester, tra, trum, votre, le vôtre, la vôtre.	*SINGULIER.* *m. f. n.* Qui, Quæ, Quod, qui, lequel, laquelle. Cujus / Cui } des trois genres. Quem, Quam, Quod. Quo, Quâ, Quo. *PLURIEL.* Qui, Quæ, Qua, qui, lesquels. Quorum, Quarum, Quorum. Quibus et Queis (les trois genres). Quos, Quas, Quæ. Quibus (les trois genres). **PRONOM INTERROGATIF.** *SINGULIER.* Quis, Quæ, Quid et Quod, qui, quel, quelle. Cujus / Cui } des trois genres. Quem, Quam, Quid et Quod. Quo, Quâ, Quo. *PLURIEL.* Il est semblable à celui du pronom relatif. *Déclinez sur Ille, a, ud :* Iste, Ista, Istud, ce, cette. Ipse, Ipsa, Ipsum, même. *Sur Is, ea, id :* Idem, Eadem, Idem, le même, la même. Gén. Ejusdem. Dat. Eidem. Acc. Eumdem, Eamdem, Idem, &c.	Dans les composés de *qui*, on décline seulement *qui*. Exemple : Quicunque, quæcunque, quodcunque, quiconque; gén. cujuscunque; dat. cuicunque, &c. Quidam, quædam, quoddam et quiddam, un, certain; gén. cujusdam; dat. cuidam, &c. Quilibet, quælibet, quodlibet et quidlibet, qui l'on voudra; gén. cujuslibet; dat. cuilibet, &c. Quivis, quævis, quodvis, qui que ce soit; gén. cujusvis; dat. cuivis, &c. *Sur le Pronom interrogatif :* Quisnam, quænam, quodnam et quidnam, quel; gén. cujusnam, &c. (Dans les pronoms interrogatifs le neutre *quod* ne se met qu'avec un nom). Quispiam, quæpiam, quodpiam et quidpiam, quelqu'un; gén. cujuspiam, &c. Quisquam, quelqu'un. Quisque, chacun. Quisquis, masculin et féminin, quidquid, neutre, qui que ce soit, tout ce qui. Il n'a que les cas suivans : dat. cuicui; abl. quoquo; acc. plur. quosquos. Aliquis, aliqua, aliquod et aliquid, quelqu'un, quelqu'une, quelque chose; ce pronom a les trois cas semblables du pluriel en a. Unusquisque, unaquæque, unumquodque, chacun; gén. uniuscujusque; dat. unicuique; acc. unumquemque, unamquamque, unumquodque; ab. unoquoque, unâquâque, unoquoque.

REMARQUES SUR LES VERBES.

1° Dans les verbes il faut remarquer six choses : l'*espèce*, le *mode*, le *temps*, le *nombre*, la *personne* et la *conjugaison*.

ESPÈCES.

2° Selon l'espèce, le verbe est ou *actif* ou *passif*, ou *neutre*, ou *déponent*.

Le verbe *actif* exprime que le sujet fait une action, qu'il agit directement sur un certain objet (personne ou chose); il est terminé au présent de l'indicatif en *o*, et il a un passif; EXEMPLE : *amo*, j'aime. On demande j'aime qui? *Deum*, Dieu. Le mot sur lequel tombe l'action exprimée par le verbe actif, et qui répond à la question qui? ou quoi? se met toujours à l'accusatif en latin.

Le verbe *passif* est celui qui exprime une action reçue, soufferte par le sujet. Il est terminé en *or*. EXEMPLE : *amor*, je suis aimé. On demande *de qui?* ou *par qui?* Le mot qui répond à cette question se met à l'ablatif. EXEMPLE : je suis aimé de qui? de Dieu, *à Deo.*

Le verbe *neutre* (c'est-à-dire, qui n'est ni actif, ni passif) est terminé en *o* et se conjugue comme le verbe actif, mais il n'a pas de passif, parce que le sujet n'agit pas directement sur un objet. EXEMPLE : *dormio*, je dors.

Le verbe *déponent* est celui qui se conjugue en latin comme le verbe passif, et en français comme les verbes actifs ou neutres. EXEMPLE : *imitor*, j'imite. Tous les verbes déponens ne gouvernent pas le même cas; il y en a qui gouvernent le génitif, d'autres le datif, l'accusatif ou l'ablatif.

MODES.

3° On appelle *modes* les différentes manières de modifier l'état ou l'action qu'exprime le verbe. Il y a cinq modes dans les verbes latins : l'*indicatif*, l'*impératif*, le *subjonctif*, l'*infinitif* et le *participe*.

L'*indicatif* affirme d'une manière positive que l'action se fait, ou qu'elle s'est faite, ou qu'elle se fera, comme : je *lis*, j'ai *lu*, je *lirai.*

L'*impératif* commande que l'action se fasse, comme : *lis*, *faites* votre devoir.

Le *subjonctif* indique la subordination du verbe à un autre verbe qui précède, comme : je veux que tu *fasses;* ces mots : *que tu fasses*, dépendent du verbe je *veux*, qui précède.

Le mot *infinitif* veut dire, indéfini, indéterminé; il exprime l'action ou l'état en général sans nombres, ni personnes; comme : *lire, aimer.*

Le *participe* sert à qualifier un substantif, et en même temps il marque un temps du verbe et peut avoir un régime. Il est donc à la fois adjectif et verbe, et peut être considéré comme cinquième mode.

Note. le mode *conditionnel* du français se traduit en latin par l'imparfait du subjonctif, pour le conditionnel présent; par le plusqueparfait du subjonctif, pour le conditionnel passé.

(*Voyez la suite après le 5ᵉ Tableau.*)

CINQUIÈME TABLEAU.

De la conjugaison du Verbe substantif. SUM.

	INDICATIF.	IMPÉRATIF.	SUBJONCTIF.	INFINITIF.	PARTICIPES.	VERBES A CONJUGUER.
Présent.	S. Sum , je suis. Es , tu es. Est, il est. P. Sumus, nous sommes. Estis , vous êtes. Sunt, ils sont.	S. Point de 1re personne. Es , ou Esto , sois. Esto , qu'il soit. P. Simus , soyons. Este, ou Estote, soyez. Sunto , qu'ils soient.	Sim , que je sois. Sis , que tu sois. Sit , qu'il soit. Simus , que nous soyons. Sitis , que vous soyez. Sint , qu'ils soient.	Esse , être, qu'il est , ou qu'il était.	(Manque en latin.) Étant.	Conjugez sur *Sum :* Adesse , être présent. Absum , abesse ; être ab- sent. Desum, deesse', manquer à.
Imparfait.	S. Eram , j'étais. Eras , tu étais. Erat , il était. P. Eramus, nous étions. Eratis , vous étiez. Erant, ils étaient.		Essem, ou Forem, que je fusse Esses , ou Fores, ou je serais. Esset , ou Foret, Essemus , Essetis , Essent , ou Forent.			Intersum, Interesse, as- sister à. Insum, Inesse, être dans. Obsum , obesse , nuire. Præsum , Præesse , pré- sider.
Parfait.	S. Fui , j'ai été, ou je fus, Fuisti , ou j'eus été. Fuit , P. Fuimus , Fuistis , Fuerunt, ou Fuére.		Fuerim , que j'aie été. Fueris , Fuerit , Fuerimus , Fueritis , Fuerint.	Fuisse , avoir été, qu'il a , ou qu'il avait été.	(Manque en latin.) Ayant été.	Subsum , subesse , être dessous. Prosum , Prodesse , être utile , servir ; Dans ce dernier verbe on met la lettre *d* entre *pro* et le verbe , par- tout où celui-ci com- mence par une voyelle. EXEMPLE : au lieu de dire *proes*, on dit *prodes*, et de même dans tout le verbe.
Plusqueparfait.	S. Fueram , j'avais été. Fueras , Fuerat , P. Fueramus , Fueratis , Fuerant.		Fuissem , que j'eusse été, ou Fuisses , j'aurais été. Fuisset , Fuissemus , Fuissetis , Fuissent.			
Futur.	S. Ero , je serai. Eris , Erit , P. Erimus , Eritis , Erunt.			Fore (indéclinable) , ou Futurum , ram esse (déclin.) devoir être.	Futurus , ra , rum , devant être.	
Futur passé.	S. Fuero , j'aurai été. Fueris , Fuerit , P. Fuerimus , Fueritis , Fuerint.			Futurum , ram fuisse (déclin.) avoir dû être.		

3.

TEMPS.

4° Les différentes formes du verbe qui indiquent que la chose se fait, s'est faite ou se fera, s'appellent *temps*.

5° Il y a trois temps principaux : le *présent*, le *parfait* et le *futur*.

Le *présent* marque que la chose *est* ou se fait actuellement, comme : je *lis*.

Le *parfait* ou *passé* marque que la chose a été, ou a été faite, comme j'*ai lu*.

Le *futur* marque que la chose sera ou se fera, comme : je *lirai*.

Le parfait est subdivisé en trois temps, qui sont : l'*imparfait*, le *parfait* et le *plusqueparfait*.

Le futur est aussi subdivisé en deux temps, le *futur absolu* et le *futur passé*.

Note. Le passé défini, le passé indéfini et le passé antérieur du français se traduisent en latin par le parfait.

NOMBRES.

6° Il y a deux nombres dans les verbes comme dans les noms ; le *singulier* quand il s'agit d'un seul, comme : j'aime, tu lis, l'élève étudie ; le *pluriel*, quand il s'agit de plusieurs, comme : nous aimons, vous lisez, les élèves étudient.

PERSONNES.

7° Chaque nombre a trois désinences qui indiquent que le sujet est de la première, ou de la seconde, ou de la troisième personne. (*Voyez remarques des pronoms, n° 2.*)

DE LA CONJUGAISON.

Il y a en latin quatre conjugaisons que l'on distingue entre elles par la terminaison du présent de l'infinitif, et par celle de la seconde personne du singulier du présent de l'indicatif.

La première conjugaison a le présent de l'infinitif en *are*, et la deuxième personne du présent de l'indicatif en *as*.

La 2° en *ere*, et *es*,

La 3° en *ere*, et *is*,

La 4° en *ire*, et *is*.

Réciter de suite les différens modes d'un verbe, avec leurs temps, leurs nombres et leurs personnes, cela s'appelle *conjuguer*.

SIXIÈME TABLEAU.

Iʳᵉ CONJUGAISON. *De la conjugaison des Verbes actifs.* AMO.

	INDICATIF.	IMPÉRATIF.	SUBJONCTIF.	INFINITIF.	PARTICIPES.	CONJUGUEZ SUR *AMO* :
Présent.	S. Amo, j'aime. Amas, tu aimes. Amat, il aime. P. Amamus, nous aimons. Amatis, vous aimez. Amant, ils aiment.	Point de 1ʳᵉ personne. Ama, ou amato, aime. Amato, qu'il aime. Amemus, aimons. Amate, ou amatote, aimez. Amanto, qu'ils aiment.	Amem, que j'aime, Ames, que tu aimes. Amet, qu'il aime. Amemus, que nous aimions. Ametis, que vous aimiez, Ament, qu'ils aiment.	Amare, aimer.	Amans, aimant. G. Amantis.	*Prés. Parf. Supin. Inf.* Aro, avi, atum, are, labourer. Cœlo, avi, atum, are, graver. Creo, avi, atum, are, créer. Curo, avi, atum, are, avoir soin. Dico, avi, atum, are, dédier. Foro, avi, atum, are, percer. Gusto, avi, atum, are, goûter. Habito, avi, atum, are, habiter. Lego, avi, atum, are, envoyer. Ligo, avi, atum, are, lier. Muto, avi, atum, are, changer. Narro, avi, atum, are, raconter. Oro, avi, atum, are, prier. Opto, avi, atum, are, souhaiter. Porto, avi, atum, are, porter. Rogo, avi, atum, are, de—mander. Spero, avi, atum, are, espérer. Voco, avi, atum, are, appeler.
Imparfait.	S. Amabam, j'aimais. Amabas, Amabat, P. Amabamus, Amabatis, Amabant.		Amarem, que j'aimasse, ou Amares, j'aimerais. Amaret, Amaremus, Amaretis, Amarent.			
Parfait.	S. Amavi, j'ai aimé, ou Amavisti, j'aimai, ou Amavit, j'eus aimé. P. Amavimus, Amavistis, Amaverunt, ou vére.		Amaverim, que j'aie aimé. Amaveris, Amaverit, Amaverimus, Amaveritis, Amaverint.	Amavisse, avoir aimé.		Do, das, dedi, datum, dare, donner. Domo, as, ui, itum, are, dompter. Veto, as, ui, itum, are, défendre. Seco, as, ui, tum, are, couper. Cubo, as, ui, itum, are, se coucher. Sto, stas, steti, statum, stare, être de bout. Circumsto, eti, itum, are, se tenir autour. Adsto, stiti, stitum, stare, se tenir auprès. Consto, stiti, stitum, ou statum, are, être. Disto, stiti, ... are, être éloigné.
Plusqueparfait.	S. Amaveram, j'avais aimé. Amaveras, Amaverat, P. Amaveramus, Amaveratis, Amaverant.		Amavissem, que j'eusse aimé, Amavisses, ou j'aurais aimé. Amavisset, Amavissemus, Amavissetis, Amavissent.			
Futur.	S. Amabo, j'aimerai. Amabis, Amabit, P. Amabimus, Amabitis, Amabunt.			Amaturum, ram esse, devoir aimer. **SUPIN.** Amatum, à ou pour aimer.	Amaturus, a, um, de—vant aimer.	*Note.* Le *Supin* et les *Gérondifs* appartiennent à l'Infinitif; on les a placés dans la colonne des participes pour la commodité du tableau.
Futur passé.	S. Amavero, j'aurai aimé. Amaveris, Amaverit, P. Amaverimus, Amaveritis, Amaverint.			Amaturum, ram fuisse, avoir dû aimer.	**GÉRONDIFS.** Amandi, d'aimer. Amando, en aimant. Amandum, à ou pour aimer.	

Deuxième conjugaison. MONEO.

	INDICATIF.	IMPÉRATIF.	SUBJONCTIF.	INFINITIF.	PARTICIPES.	CONJUGUEZ SUR *MONEO.*
Présent.	S. Moneo, j'avertis. Mones, tu avertis. Monet, il avertit. P. Monemus, n. avertissons. Monetis, vous avertissez Monent, ils avertissent.	Point de 1re personne. Mone, ou Moneto, avertis. Moneto, qu'il avertisse. Moneamus, avertissons. Monete, ou Monetote, avertissez. Monento, qu'ils avertissent.	Moneam, que j'avertisse. Moneas, que tu avertisses. Moneat, qu'il avertisse. Moneamus, q. n. avertissions. Moneatis, que vous avertissiez Moneant, qu'ils avertissent.	Monere, avertir.	Monens, avertissant. G. Monentis.	*Prés. Parf. Supin. Inft.* Arceo, cui, itum, ere, écarter. Debeo, ui, itum, ere, devoir. Habeo, ui, itum, ere, avoir. Præbeo, ui, itum, ere, fournir. Noceo, ui, itum, ere, nuire. Doleo, ui, itum, ere, être affligé. Terreo, ui, itum, ere, effrayer. Placeo, ui, itum, ere, plaire. Pareo, ui, itum, ere, obéir. Doceo, ui, tum, ere, enseigner Teneo, nui, tum, ere, tenir. Deleo, evi, etum, ere, détruire. Fleo, evi, etum, ere, pleurer. Neo, evi, etum, ere, filer. Foveo, ovi, fotum, ere, fomenter. Moveo, ovi, motum, ere, mouvoir Video, i, visum, dere, voir. Rideo, si, risum, dere, rire. Suadeo, si, suasum, dere, conseiller. Jubeo, jussi, jussum, bere, ordonner. Possideo, possedi, possessum, idere, posséder. Mulceo, mulci, mulsum, cere, adoucir. Augeo, auxi, auctum, augere, augmenter. Sorbeo, ui, sorptum, sorbere, avaler. Horreo, ui ..... ere, avoir horreur Sileo, ui, ... ere, taire. Faveo, favi, fautum, favere, favoriser. Prandeo, prandi, pransum, prandere, dîner. Hæreo, hæsi, hæsum, hærere, être attaché. Studeo, ui .... ere, étudier. Frigeo, frixi ...... ere, avoir froid. Mordeo, momordi, morsum, mordere, mordre. Spondeo, spopondi, sponsum, spondere, promettre. Tondeo, totondi, tonsum, tondere, tondre.
Imparfait.	S. Monebam, j'avertissais. Monebas, Monebat, P. Monebamus, Monebatis, Monebant.		Monerem, que j'avertisse, ou Moneres, j'avertirais. Moneret, Moneremus, Moneretis, Monerent.			
Parfait.	S. Monui, j'ai averti, ou Monuisti, j'avertis, ou Monuit, j'eus averti. P. Monuimus, Monuistis, Monuerunt, ou Monuére.		Monuerim, que j'aie averti. Monueris, Monuerit, Monuerimus, Monueritis, Monuerint.	Monuisse, avoir averti.		
Plusqueparfait.	S. Monueram, j'avais averti. Monueras, Monuerat, P. Monueramus, Monueratis, Monuerant.		Monuissem, que j'eusse aver- Monuisses, ti, ou j'aurais Monuisset, averti. Monuissemus, Monuissetis, Monuissent.			
Futur.	S. Monebo, j'avertirai. Monebis, Monebit, P. Monebimus, Monebitis, Monebunt.			Moniturum, ram esse, devoir avertir.	Moniturus, a, um, devant avertir. SUPIN. Monitum, à avertir, ou pour avertir.	
Futur passé.	S. Monuero, j'aurai averti. Monueris, Monuerit, P. Monuerimus, Monueritis, Monuerint.			Moniturum, ram fuisse, avoir dû avertir.	GÉRONDIFS. Monendi, d'avertir. Monendo, en avertissant. Monendum, à avertir, ou pour avertir.	

HUITIÈME TABLEAU.

Troisième conjugaison. LEGO.

	INDICATIF.	IMPÉRATIF.	SUBJONCTIF.	INFINITIF.	PARTICIPES.	CONJUGUEZ SUR *LEGO :*
Présent.	S. Lego, je lis. Legis, tu lis. Legit, il lit. P. Legimus, nous lisons. Legitis, vous lisez. Legunt, ils lisent.	Point de première personne. Lege ou legito, lis. Legito, qu'il lise. Legamus, lisons. Legite ou legitote, lisez. Legunto, qu'ils lisent.	Legam, que je lise. Legas, que tu lises. Legat, qu'il lise. Legamus, que nous lisions. Legatis, que vous lisiez. Legant, qu'ils lisent.	Legere, lire.	Legens, lisant. G. Legentis.	*Prés. Parf. Supin. Inf.* Alo, ui, itum, ere, nourrir. Bibo, i, itum, ere, boire. Cupio, ivi, itum, ere, désirer. Ico, i, tum, ere, frapper. Rapio, ui, tum, ere, enlever. Emo, i, emptum, ere, acheter. Cerno, crevi, cretum, cernere, voir.
Imparfait.	S. Legebam, je lisais. Legebas, tu lisais. Legebat, il lisait. P. Legebamus, nous lisions. Legebatis, vous lisiez. Legebant, ils lisaient.		Legerem, que je lusse. Legeres, que tu lusses. Legeret, qu'il lût. Legeremus, que n. lussions. Legeretis, que v. lussiez. Legerent qu'ils lussent ou je lirais.			Sperno, sprevi, spretum, sper- nere, mépriser. Solvo, i, solutum, ere, délier. Credo, credidi, creditum, cre- dere, croire. Vendo, vendidi, venditum, vendere, vendre, Perdo, perdidi, perditum, per- dere, perdre. Pono, posui, positum, ponere, poser.
Parfait.	S. Legi, j'ai lu, ou je lus, ou Legisti, j'eus lu. Legit, P. Legimus, Legistis, Legerunt ou legêre.		Legerim, que j'aie lu. Legeris, Legerit, Legerimus, Legeritis, Legerint.	Legisse, avoir lu.		Sero, sevi, satum, serere, semer. Nosco, novi, notum, noscere, connaître. Colo, colui, cultum, colere, cultiver. Vinco, vici, victum, vincere, vaincre. Mitto, misi, missum, mittere, envoyer. Figo, fixi, fixum, figere, fixer. Cano, cecini, cantum, canere, chanter. Disco, didici, discitum, discere, apprendre.
Plusquegarfait.	S. Legeram, j'avais lu. Legeras, Legerat, P. Legeramus, Legeratis, Legerant.		Legissem, que j'eusse lu, ou Legisses, j'aurais lu. Legisset, Legissemus, Legissetis, Legissent.			Cado, cecidi, casum, cadere, tomber. Curro, cucurri, cursum, cur- rere, courir. Parco, peperci, parcitum, par- cere, épargner. Posco, poposci, poscitum, pos- cere, demander.
Futur.	S. Legam, je lirai. Leges, tu liras. Leget, il lira. P. Legemus, nous lirons. Legetis, vous lirez. Legent, ils liront.			Lecturum, ram esse, de- voir lire.	Lecturus, a, um, devant lire. **SUPIN.** Lectum, à ou pour lire.	Fallo, fefelli, falsum, fallere, tromper. Pello, pepuli, pulsum, pellere, pousser. Tango, tetigi, tactum, tangere, toucher. Tollo, sustuli, sublatum, tollere, enlever. Cædo, cecidi, cæsum, cædere, couper. Pendo, pependi, pensum, pen- dere, estimer.
Futur passé.	S. Legero, j'aurai lu. Legeris, Legerit, P. Legerimus, Legeritis, Legerint.			Lecturum, ram fuisse, avoir dû lire.	**GÉRONDIFS.** Legendi, de lire. Legendo, en lisant. Legendum, à ou pour lire.	Dico, dixi, dictum, dicere, dire. Duco, duxi, ductum, ducere, conduire. Facio, feci, factum, facere, faire. *Note.* Ces trois derniers font à l'impératif : *dic, duc, fac.*

Quatrième conjugaison. AUDIO.

	INDICATIF.	IMPERATIF.	SUBJONCTIF.	INFINITIF.	PARTICIPES.	Conjuguez sur *AUDIO :*
Présent.	S. Audio, j'entends. Audis, tu entends. Audit il entend. P. Audimus, n. entendons. Auditis, vous entendez. Audiunt, ils entendent.	Point de 1re personne. Audi ou Audito, entends. Audito, qu'il entende. Audiamus, entendons. Audite ou Auditote, entendez. Audiunto, qu'ils entendent.	Audiam, que j'entende. Adias, que tu entendes. Audiat, qu'il entende. Audiamus, q. n. entendions. Audiatis, que vous entendiez. Audiant, qu'ils entendent.	Audire, entendre.	Audiens, entendant. G. Audientis.	*Prés. Parf. Supin. Inf.* Finio, ivi, itum, ire, finir. Lenio, ivi, itum, ire, adoucir. Linio, ivi, itum, ire, frotter. Munio, ivi, itum, ire, munir. Nutrio, ivi, itum, ire, nourrir. Scio, ivi, itum, ire, savoir. Garrio, ivi, itum, ire, bavarder. Obedio, ivi, itum, ire, obéir. Sepelio, ivi, sepultum, ire, en- sevelir. Aperio, ui, tum, ire, ouvrir. Sentio, sensi, sensum, ire, sentir. Sepio, sepsi, septum, ire, clore. Vincio, vinxi, vinctum, ire, lier. Venio, ivi, venum, ire, être vendu. Venio, i, ventum, ire, venir.
Imparfait.	S. Audiebam, j'entendais. Audiebas. Audiebat. P. Audiebamus. Audiebatis. Audiebant.		Audirem, que j'entendisse, Audires, ou j'entendrais. Audiret, Audiremus, Audiretis, Audirent.			
Parfait.	S. Audivi, j'ai entendu, ou Audivisti, j'entendis, ou Audivit, j'eus entendu. P. Audivimus, Audivistis, Audiverunt ou audivère.		Audiverim, q. j'aie entendu. Audiveris, Audiverit, Audiverimus, Audiveritis, Audiverint.	Audivisse, avoir entendu.		*Remarque.* Les verbes neutres se conjuguent comme les verbes actifs, mais ils n'ont point de passif.
Plusqueparfait.	S. Audiveram, j'avais en- Audiveras, tendu. Audiverat, P. Audiveramus, Audiveratis, Audiverant.		Audivissem, que j'eusse en- Audivisses, tendu, ou j'au- Audivisset, rais entendu. Audivissemus, Audivissetis, Audivissent.			
Futur.	S. Audiam, j'entendrai. Audies, Audiet, P. Audiemus, Audietis, Audient.			Auditurum, ram esse, devoir entendre.	Auditurus, a, um, devant entendre. **SUPIN.** Auditum, à ou pour entendre.	
Futur passé.	S. Audivero, j'aurai entendu Audiveris, Audiverit, P. Audiverimus, Audiveritis, Audiverint.			Auditurum, ram fuisse, avoir dû entendre.	**GÉRONDIFS.** Audiendi, d'entendre. Audiendo, en entendant. Audiendum, à ou pour entendre.	

DIXIÈME TABLEAU.

Des terminaisons des Verbes actifs.

1re CONJUGAISON.

	Indicat.	Impérat.	Subjon.	Infin.	Part.
Présent	o, as, at / amus, atis, ant.	a ato, ato / emus, ate, etote, anto.	em, es, et / emus, etis, ent.	are.	ans,
Imparfait	abam, abas, abat / abamus, abatis, abant		arem, ares, aret / aremus, aretis, arent.		
Parfait	i, isti, it / imus, istis, erunt ou ére.		erim, eris, erit / erimus, eritis, erint.	isse	
Plusqueparfait	eram, eras, erat / eramus, eratis, erant.		issem, isses, isset / issemus, issetis, issent.		
Futur	abo, abis, abit / abimus, abitis, abunt.			turum esse. —— Supin. tum.	turus, a, um.
Futur passé	ero, eris, erit / erimus, eritis, erint.			turum fuisse	Géron. andi, ando, andum

2e CONJUGAISON.

	Indicat.	Impérat.	Subjon.	Infin.	Part.
Présent	eo, es, et / emus, etis, ent.	e, eto, eto / eamus, ete, etote, ento.	eam, eas, eat / eamus, eatis, eant.	ere.	ens.
Imparfait	ebam, ebas, ebat / ebamus, ebatis, ebant.		erem, eres, eret / eremus, eretis, erent.		
Parfait	i, isti, it / imus, istis, erunt ou ére.		erim, eris, erit / erimus, eritis, erint.	isse	
Plusqueparfait	eram, eras, erat / eramus, eratis, erant.		issem, isses, isset / issemus, issetis, issent.		
Futur	ebo, ebis, ebit / ebimus, ebitis, ebunt			turum esse. —— Supin. tum.	turus, a, um.
Futur passé	ero, eris, erit / erimus, eritis, erint.			turum fuisse	Géron. endi, endo, endum

3e CONJUGAISON.

	Indicat.	Impérat.	Subjon.	Infin.	Part.
Présent	o, is, it / imus, itis, unt.	e, ito, ito / amus, ite, itote, unto,	am, as, at / amus, atis, ant.	ere.	ens.
Imparfait	ebam, ebas, ebat / ebamus, ebatis, ebant.		erem, eres, eret / eremus, eretis, erent,		
Parfait	i, isti, it / imus, istis, erunt ou ére.		erim, eris, erit / erimus, eritis, erint.	isse.	
Plusqueparfait	eram, eras, erat / eramus, eratis, erant.		issem, isses, isset / issemus, issetis, issent.		
Futur	am, es, et / emus, etis, ent.			turum esse. —— Supin. tum.	turus, a, um.
Futur passé	ero, eris, erit / erimus, eritis, erint.			turum fuisse	Géron. endi, endo, endum

4e CONJUGAISON.

	Indicat.	Impérat.	Subjon.	Infin.	Part.
Présent	io, is, it / imus, itis, iunt.	i, ito, ito / iamus, ite, itote, iunto.	iam, ias, iat / iamus, iatis, iant.	ire.	iens.
Imparfait	iebam, iebas, iebat / iebamus, iebatis, iebant.		irem, ires, iret / iremus, iretis, irent,		
Parfait	i, isti, it / imus, istis, erunt ou ére.		erim, eris, erit / erimus, eritis, erint.	isse.	
Plusqueparfait	eram, eras, erat / eramus, eratis, erant.		issem, isses, isset / issemus, issetis, issent.		
Futur	iam, ies, iet / iemus, ietis, ient.			turum esse. —— Supin. tum.	turus, a, um.
Futur passé	ero, eris, erit / erimus, eritis, erint.			turum fuisse,	Géron. iendi, iendo, iendum

OBSERVATIONS.

1° Les principales terminaisons du parfait sont : *avi*, *ui*, *si*, *xi*, *ivi*, *i*. Nous n'avons donné ici que la terminaison simple en *i* sans l'accompagner des lettres qui la précèdent et qui ne souffrent point de modification. Nous avons fait de même dans les temps dérivés du parfait.

2° Le supin de plusieurs verbes est terminé en *sum* ou *xum*, et par conséquent le futur et le futur passé de l'infinitif et le participe futur qui tous sont formés du supin, sont terminés en *surum* ou *xurum*.

DE LA SYNCOPE.

Si dans la formation du parfait et des temps qui en sont formés, se trouve la lettre *v*, comme : *avi*, *ivi*, *uveram*, etc., on peut retrancher *ve* ou *vi*, et pour la troisième et quatrième conjugaison le *v* seulement; exemple : *amásti* pour *amavisti*; *amássem* pour *amavissem*; *audieram* pour *audiveram*; *audiisse* pour *audivisse*. Ce retranchement s'appelle *syncope*.

ONZIÈME TABLEAU.

De la formation des Temps des Verbes actifs.

		1re CONJUGAISON.		2e CONJUGAISON.		3e CONJUGAISON.	4e CONJUGAISON.	Remarque
Du Présent de l'Indicatif se forment :							La formation des temps pour la 4e conjug. est en tout conforme à celle de la 3e.	*Remarque.* On voit ci-contre qu'il y a en latin quatre *temps primitifs* (c'est-à-dire qui servent à former les autres) ; ce sont : le *Présent de l'Indicatif* ; le *Parfait de l'Indicatif* ; le *Présent de l'Infinitif* et le *Supin.*
1° L'Imparfait de l'Indicatif, en changeant	o	en abam,	o	en bam,	o	en ebam.		
2° Le Futur de l'Indicatif, en changeant. .	o	en abo,	o	en bo,	o	en am.		
3° Le Présent du Subjonctif, en changeant	o	en em,	o	en am,	o	en am.		
4° Le Participe présent, en changeant. . .	o	en ans,	eo	en ens,	o	en ens.		
5° Le Gérondif, en changeant.	o	en andi, ando, andum.	eo	en endi, endo, endum.	o	en endi, endo, endum.		*Note.* Les temps qui sont formés de ces temps primitifs, s'appellent *temps dérivés.*
Du Parfait de l'Indicatif se forment :								
1° Le Plusqueparfait de l'Indicatif, en changeant.	i	en eram.						
2° Le Futur passé, en changeant.	i	en ero.		Pour toutes les quatre conjugaisons.				
3° Le Parfait du Subjonctif, en changeant	i	en erim.						
4° Le Plusqueparfait du Subjonctif, en changeant.	i	en issem.						
5° Le Parfait de l'Infinitif, en changeant . .	i	en isse.						
Du Présent de l'Infinitif se forment :								
1° Le Présent de l'Impératif, en retranchant *re*. Exemples.		Infi. Imp. Amare, Ama.		Infi. Imp. Monere, Mone.		Infi. Imp. Legere, Lege.	Infi. Imp. Audire, Audi.	
2° L'Imparfait du Subjonctif, en ajoutant *m*. Exemples.		Amarem.		Monerem.		Legerem.	Audirem.	
Du Supin se forment :								
1° Les Futurs de l'Infinitif, en changeant	um	en urum, uram,		Pour les quatre conjugaisons.				
2° Le Participe futur, en changeant. . . .	um	en urus, a, um.						

DOUZIÈME TABLEAU.

Ire CONJUGAISON. *De la conjugaison des Verbes passifs.* AMOR.

	INDICATIF.	IMPERATIF.	SUBJONCTIF.	INFINITIF.	PARTICIPES.
Présent.	S. Amor, je suis aimé. Amaris, are, Amatur, P. Amamur, Amamini, Amantur.	Point de 1re personne. Amare, ator, sois aimé. Amator, Amemur, Amamini, Amantor.	Amer, que je sois aimé. Ameris, ere, Ametur, Amemur, Amemini, Amentur.	Amari, être aimé.	
Imparfait.	S. Amabar, j'étais aimé. Amabaris, are, Amabatur, P. Amabamur, Amabamini, Amabantur.		Amarer, que je fusse, ou je serais aimé. Amareris, rere, Amaretur, Amaremur, Amaremini, Amarentur.		
Parfait.	S. Amatus sum ou fui, Amatus es ou fuisti, Amatus est ou fuit. P. Amati sumus ou fuimus, Amati estis ou fuistis, Amati sunt ou fuerunt. J'ai été, ou je fus aimé, ou j'eus été aimé.		Amatus sim ou fuerim, Amatus sis ou fueris, Amatus sit ou fuerit, Amati simus ou fuerimus, Amati sitis ou fueritis, Amati sint ou fuerint. Que j'aie été aimé, etc.	Amatum, tam esse ou fuisse, avoir été aimé.	Amatus, a, um, aimé, ayant été aimé.
Plusqueparfait.	S. Amatus eram ou fueram, Amatus eras ou fueras, Amatus erat ou fuerat, P. Amati eramus ou fueramus, Amati eratis ou fueratis, Amati erant ou fuerant. J'avais été aimé, etc.		Amatus essem ou fuissem, Amatus esses ou fuisses, Amatus esset ou fuisset, Amati essemus ou fuissemus, Amati essetis ou fuissetis. Amati essent ou fuissent. Que j'eusse, ou j'aurais été aimé.		
Futur.	S. Amabor, je serai aimé. Amaberis, bère, Amabitur, P. Amabimur, Amabimini, Amabuntur.			Amatum, iri, (indécl.) ou Amandum, am esse, devoir être aimé.	Amandus, a, um, devant être aimé.
Futur passé.	S. Amatus ero ou fuero, Amatus eris ou fueris, Amatus erit ou fuerit, P. Amati erimus ou fuerimus, Amati eritis ou fueritis, Amati erunt ou fuerint. J'aurai été aimé, etc.			Amandum, am fuisse, avoir dû être aimé.	SUPIN. Amatu, à être aimé.

TREIZIÈME TABLEAU.

Deuxième conjugaison passive. MONEOR.

		INDICATIF.	IMPÉRATIF.	SUBJONCTIF.	INFINITIF.	PARTICIPES.
Présent.	S.	Moneor, je suis averti. Moneris, ere, Monetur,	Point de 1ʳᵉ personne. Monere, etor, sois averti. Monetor,	Monear, que je sois averti. Monearis, eare, Moneatur,	Moneri, être averti.	
	P.	Monemur, Monemini, Monentur.	Moneamur, Monemini, Monentor.	Moneamur, Moneamini, Moneantur.		
Imparfait.	S.	Monebar, j'étais averti. Monebaris, ebare, Monebatur,		Monerer, que je fusse, ou je serais averti Monereris, erere, Moneretur,		
	P.	Monebamur, Monebamini, Monebantur.		Moneremur, Moneremini, Monerentur.		
Parfait.	S.	Monitus sum ou fui, Monitus es ou fuisti, Monitus est ou fuit,		Monitus sim ou fuerim, Monitus sis ou fueris, Monitus sit ou fuerit,	Monitum, tam esse ou fuisse, avoir été averti.	Monitus, a, um, averti, ayant été averti.
	P.	Moniti sumus ou fuimus, Moniti estis ou fuistis, Moniti sunt ou fuerunt. J'ai été, ou j'eus été averti, etc.		Moniti simus ou fuerimus, Moniti sitis ou fueritis, Moniti sint ou fuerint. Que j'aie été averti, etc.		
Plusqueparfait.	S.	Monitus eram ou fueram, Monitus eras ou fueras, Monitus erat ou fuerat,		Monitus essem ou fuissem, Monitus esses ou fuisses, Monitus esset ou fuisset,		
	P.	Moniti eramus ou fueramus, Moniti eratis ou fueratis, Moniti erant ou fuerant. J'avais été averti, etc.		Moniti essemus ou fuissemus, Moniti essetis ou fuissetis, Moniti essent ou fuissent. Que j'eusse été, ou j'aurais été averti.		
Futur.	S.	Monebor, je serai averti, Moneberis, ebere, Monebitur,			Monitum iri (indécl.), ou Monendum, am esse, devoir être averti.	Monendus, a, um, devant être averti.
	P.	Monebimur, Monebimini, Monebuntur.				
Futur passé.	S.	Monitus ero ou fuero, Monitus eris ou fueris, Monitus erit ou fuerit,			Monendum, am fuisse, avoir dû être averti.	SUPIN. Monitu, à être averti.
	P.	Moniti erimus ou fuerimus, Moniti eritis ou fueritis, Moniti erunt ou fuerint. J'aurai été averti, etc.				

QUATORZIÈME TABLEAU.

Troisième conjugaison passive. LEGOR.

	INDICATIF.	IMPÉRATIF.	SUBJONCTIF.	INFINITIF.	PARTICIPES.
Présent.	S. Legor, je suis lu. Legeris, ere, Legitur, P. Legimur, Legimini, Leguntur.	Point de 1re personne. Legere, itor, sois lu. Legitor, Legamur, Legimini, Leguntor.	Legar, que je sois lu. Legaris, are, Legatur, Legamur, Legamini, Legantur.	Legi, être lu.	
Imparfait.	S. Legebar, j'étais lu. Legebaris, ebare, Legebatur, P. Legebamur, Legebamini, Legebantur.		Legerer, que je fusse lu, ou je serais lu. Legereris, erere, Legeretur, Legeremur, Legeremini, Legerentur.		
Parfait.	S. Lectus sum ou fui, Lectus es ou fuisti, Lectus est ou fuit, P. Lecti sumus ou fuimus, Lecti estis ou fuistis, Lecti sunt ou fuerunt. J'ai été, ou je fus lu, ou j'eus été lu.		Lectus sim ou fuerim, Lectus sis ou fueris, Lectus sit ou fuerit, Lecti simus ou fuerimus, Lecti sitis ou fueritis, Lecti sint ou fuerint. Que j'aie été lu, etc.	Lectum, am esse ou fuisse, avoir été lu.	Lectus, a, um, lu, ayant été lu.
Plusqueparfait.	S. Lectus eram ou fueram, Lectus eras ou fueras, Lectus erat ou fuerat, P. Lecti eramus ou fueramus, Lecti eratis ou fueratis, Lecti erant ou fuerant. J'avais été lu, etc.		Lectus essem ou fuissem, Lectus esses ou fuisses, Lectus esset ou fuisset, Lecti essemus ou fuissemus, Lecti essetis ou fuissetis, Lecti essent ou fuissent. Que j'eusse été, ou j'aurais été lu.		
Futur.	S. Legar, je serai lu, etc. Legeris, ere, Legetur, P. Legemur, Legemini, Legentur.			Lectum, iri, (indécl.), ou Legendum, am esse, devoir être lu,	Legendus, a, um, devant être lu.
Futur passé.	S. Lectus ero ou fuero, Lectus eris ou fueris, Lectus erit ou fuerit, P. Lecti erimus ou fuerimus, Lecti eritis ou fueritis, Lecti erunt ou fuerint. J'aurai été lu, etc.			Legendum, am fuisse, avoir dû être lu.	SUPIN. Lectu, à être lu.

QUINZIÈME TABLEAU.

Quatrième conjugaison passive. AUDIOR.

	INDICATIF.	IMPERATIF.	SUBJONCTIF.	INFINITIF.	PARTICIPES.
Présent.	S. Audior, je suis entendu. Audiris, ire, Auditur, P. Audimur, Audimini, Audiuntur.	Point de 1re personne. Audire, itor, sois entendu. Auditor, Audiamur, Audimini, Audiuntor.	Audiar, que je sois entendu. Audiaris, iare, Audiatur, Audiamur, Audiamini, Audiantur.	Audiri, être entendu.	
Imparfait.	S. Audiebar, j'étais entendu. Audiebaris, iebare, Audiebatur, P. Audiebamur, Audiebamini, Audiebantur.		Audirer, Audireris, irere, Audiretur, Audiremur, Andiremini, Audirentur. Q. je fusse entendu, ou je serais entend.		
Parfait.	S. Auditus sum ou fui, Auditus es ou fuisti, Auditus est ou fuit, P. Auditi sumus ou fuimus, Auditi estis ou fuistis, Auditi sunt ou fuerunt. J'ai été, ou je fus entendu, etc.		Auditus sim ou fuerim, Auditus sis ou fueris, Auditus sit ou fuerit, Auditi simus ou fuerimus, Auditi sitis ou fueritis, Auditi sint ou fuerint. Que j'aie été entendu, etc.	Auditum, am esse ou fuisse, avoir été entendu.	Auditus, a, um, entendu, ayant été entendu.
Plusqueparfait.	S. Auditus eram ou fueram, Auditus eras ou fueras, Auditus erat ou fuerat, P. Auditi eramus ou fueramus, Auditi eratis ou fueratis, Auditi erant ou fuerant. J'avais été entendu, etc.		Auditus essem ou fuissem, Auditus esses ou fuisses, Auditus esset ou fuisset, Auditi essemus ou fuissemus, Auditi essetis ou fuissetis, Auditi essent ou fuissent, Que j'eusse été, ou j'aurais été entendu.		
Futur.	S. Audiar, je serai entendu. Audieris, iere, Audietur, P. Audiemur, Audiemini, Audientur.			Auditum, iri (indécl.), ou Audiendum, am esse, devoir être entendu.	Audiendus, a, um, devant être entendu.
Futur passé.	S. Auditus ero ou fuero, Auditus eris ou fueris, Auditus erit ou fuerit, P. Auditi erimus ou fuerimus, Auditi eritis ou fueritis, Auditi erunt ou fuerint. J'aurai été entendu, etc.			Audiendum, am fuisse, avoir dû être entendu.	SUPIN. Auditu, à être entendu.

SEIZIÈME TABLEAU.

Iʳᵉ CONJUGAISON. *Conjugaison des Verbes déponens.*

	INDICATIF.	IMPERATIF.	SUBJONCTIF.	INFINITIF.	PARTICIPES.	
Présent.	Imitor, aris, etc., j'imite, etc.	Imitare, ator, imite, etc.	Imiter, eris, etc., que j'imite, etc.	Imitari, imiter.	Imitans, antis, imitant.	*Note.* Les verbes dé-ponens se conjuguent absolument comme les verbes passifs. C'est par cette raison que nous ne donnons ici que les pre-mières personnes de cha-que temps.
Imparfait.	Imitabar, abaris, etc., j'imi-tais, etc.		Imitarer, aroris, etc., que j'i-mitasse, ou j'imiterais, etc.		PARTICIPE PASSÉ. Imitatus, a, um, ayant imité.	
Parfait.	Imitatus sum ou fui, etc., j'ai imité, ou j'imitai, ou j'eus imité.		Imitatus sim ou fuerim, etc., que j'aie imité, etc.	Imitatum, am esse ou fuisse, avoir imité.	PARTICIPE FUTUR ACTIF. Imitaturus, ra, rum, devant imiter.	
Plusque.	Imitatus eram ou fueram, etc., j'avais imité, etc.		Imitatus essem ou fuissem, etc., que j'eusse, ou j'aurais imité, etc.		PARTICIPE FUTUR PASSIF. Imitandus, a, um, devant être imité.	
Futur.	Imitabor, beris, etc., j'imi-terai, etc.			Imitaturum, ram esse, devoir imiter.	GÉRONDIFS. Imitandi, ando, andum, d'imiter, en imitant, pour imiter.	
Futur pas.	Imitatus ero ou fuero, etc., j'aurai imité, etc.			Imitaturum, ram fuisse, avoir dû imiter.	SUPINS. Imitatum, à imiter. Imitatu, à être imité.	

SECONDE CONJUGAISON.

	INDICATIF.	IMPERATIF.	SUBJONCTIF.	INFINITIF.	PARTICIPES.
Présent.	Polliceor, eris, etc., je pro-mets, etc.	Pollicere, etor, promets.	Pollicear, earis, etc., que je promette, etc.	Polliceri, promettre.	Pollicens, entis, promettant.
Imparfait.	Pollicebar, ebaris, etc., je pro-mettais, etc.		Pollicerer, ereris, etc., que je promisse, ou je promet-trais, etc.		PALTICIPE PASSÉ. Pollicitus, a, um, ayant promis.
Parfait.	Pollicitus sum ou fui, etc., j'ai promis, ou je promis, ou j'eus promis.		Pollicitus sim ou fuerim, etc., que j'aie promis, etc.	Pollicitum, am esse ou fuisse, avoir promis.	PARTICIPE FUTUR ACTIF. Polliciturus, ra, rum, devant promettre.
Plusque.	Pollicitus eram ou fueram, etc., j'avais promis, etc.		Pollicitus essem ou fuissem, etc., que j'eusse, ou j'aurais promis, etc.		PARTICIPE FUTUR PASSIF. Pollicendus, a, um, devant être promis.
Futur.	Pollicebor, eberis, etc., je promettrai, etc.			Polliciturum, ram esse, de-voir promettre.	GÉRONDIFS. Pollicendi, endo, endum, de pro-mettre, en promettant, à ou pour promettre.
Futur pas.	Pollicitus ero ou fuero, etc., j'aurai promis, etc.			Polliciturum, ram fuisse, avoir dû promettre.	SUPINS. Pollicitum, à promettre. Pollicitu, à être promis.

DIX–SEPTIÈME TABLEAU.

Troisième conjugaison. Suite des Verbes déponens.

	INDICATIF.	IMPERATIF.	SUBJONCTIF.	INFINITIF.	PARTICIPES.
Présent.	Utor, eris, etc., je me sers, etc.	Utere, itor, sers—toi.	Utar, aris, etc., que je me serve, etc.	Uti, se servir.	Utens, entis, se servant.
Imparfait.	Utebar, aris, etc., je me servais, etc.		Uterer, ereris, etc., que je me servisse, ou je me servirais, etc.		PARTICIPE PASSÉ. Usus, a, um, s'étant servi.
Parfait.	Usus sum ou fui, etc., je me suis servi, ou je me servis, ou je me fus servi.		Usus sim ou fuerim, etc., que je me sois servi, etc.	Usum, am esse ou fuisse, s'être servi.	PARTICIPE FUTUR ACTIF. Usurus, a, um, devant se servir.
Plusque.	Usus eram ou fueram, etc., je m'étais servi, etc.		Usus essem ou fuissem, etc., que je me fusse servi, ou je me serais servi, etc.		PARTICIPE FUTUR PASSIF. Utendus, a, um, dont on doit se servir.
Futur.	Utar, eris, etc., je me servirai, etc.			Usurum, ram esse, devoir se servir.	GÉRONDIFS. Utendi, endo, endum, de se servir, en se servant, à ou pour se servir.
Futur pas.	Usus ero ou fuero, je me serai servi, etc.			Usurum, ram fuisse, avoir dû se servir.	SUPINS. Usum, à se servir. Usu, à être employé.

QUATRIÈME CONJUGAISON.

	INDICATIF.	IMPERATIF.	SUBJONCTIF.	INFINITIF.	PARTICIPES.
Présent.	Largior, iris, etc., je donne, etc.	Largire, itor, donne.	Largiar, iaris, etc., que je donne, etc.	Largiri, donner.	Largiens, ientis, donnant.
Imparfait.	Largiebar, iebaris, etc., je donnais, etc.		Largirer, ireris, etc., que je donnasse, ou je donnerais, etc.		PARTICIPE PASSÉ. Largitus, a, um, ayant donné.
Parfait.	Largitus sum ou fui, etc., j'ai donné, ou je donnai, ou j'eus donné.		Largitus sim ou fuerim, etc., que j'aie donné, etc.	Largitum, am esse ou fuisse, avoir donné.	PARTICIPE FUTUR ACTIF. Largiturus, a, um, devant donner.
Plusque.	Largitus eram ou fueram, etc., j'avais donné, etc.		Largitus essem ou fuissem, etc., que j'eusse donné, ou j'aurais donné, etc.		PARTICIPE FUTUR PASSIF. Largiendus, a, um, devant être donné.
Futur.	Largiar, ieris, etc., je donnerai, etc.			Largiturum, ram esse, devoir donner.	GÉRONDIFS. Largiendi, iendo, iendum, de donner, en donnant, à ou pour donner.
Futur pas.	Largitus ero ou fuero, etc., j'aurai donné, etc.			Largiturum, ram fuisse, avoir dû donner.	SUPINS. Largitum, à donner. Largitu, à être donné.

DIX-HUITIÈME TABLEAU.

Des terminaisons des Verbes passifs et déponens.

1re CONJUGAISON.

Temps	Indic.	Impé.	Subjon.	Infin.	Part.
Présent	or aris, are atur amur amini antur.	are, ator ator emur amini antor.	er eris, ere etur emur emini entur.	ari.	
Imparfait	abar abaris, are abatur abamur abamini abantur		arer areris, are aretur aremur aremini arentur.	atum, atum esse ou fuisse.	
Parfait *	atus sum — es — est ati sumus — estis — sunt.		atus sim — sis — sit ati simus — sitis — sint.		atus, ata, atum.
Plusqueparfait	atus eram — eras — erat ati eramus — eratis — erant		atus essem — esses — esset ati essemus — essetis — essent		
Futur	abor aberis, ere abitur abimur abimini abuntur			atum iri ou andum andam esse.	andus, anda, andum
Futur passé	atus ero — eris — erit ati erimus — eritis — erunt			andum andam fuisse.	Supin. atu.

2e CONJUGAISON.

Temps	Indic.	Impé.	Subjon.	Infin.	Part.
Présent	eor eris, ere etur emur emini entur.	ero, etor etor eamur emini entor.	ear earis, eare eatur eamur eamini eantur.	eri.	
Imparfait	ebar ebaris, are ebatur ebamur ebamini ebantur		erer ereris, erere eretur eremur eremini erentur.	um, am esse ou fuisse.	
Parfait *	us sum — es — est i sumus — estis — sunt.		us sim — sis — sit i simus — sitis — sint.		us, a, um.
Plusqueparfait	us eram — eras — erat i eramus — eratis — erant.		us essem — esses — esset i essemus — essetis — essent		
Futur	ebor eberis, ere ebitur ebimur ebimini ebuntur			um iri, ou endum endam esse.	endus, a, um.
Futur passé				endum endam fuisse.	Supin. u.

3e CONJUGAISON.

Temps	Indic.	Impé.	Subjon.	Infin.	Part.
Présent	or eris, ere itur imur imini untur.	ere, itor itor amur amini untor.	ar aris, are atur amur amini antur.	i.	
Imparfait	ebar ebaris ebatur ebamur ebamini ebantur		erer ereris eretur eremur eremini erentur.	um, am esse ou fuisse.	
Parfait *	us sum — es — est i sumus — estis — sunt.		us sim — sis — sit i simus — sitis — sint.		us, a, um.
Plusqueparfait	us eram — eras — erat i eramus — eratis — erant.		us essem — esses — esset i essemus — essetis — essent.		
Futur	ar eris etur emur emini entur.			um iri, ou endum am esse	endus, a, um.
Futur passé	us ero — eris — erit i erimus — eritis — erunt.			endum am fuisse.	Supin. u.

4e CONJUGAISON.

Temps	Indic.	Impé.	Subjon.	Infin.	Part.
Présent	ior iris itur imur imini iuntur.	ire, itor itor iamur iamini iuntor	iar iaris iatur iamur iamini iantur.	iri.	
Imparfait	iebar iebaris iebatur iebamur iebamini iebantur		irer ireris iretur iremur iremini irentur.	um, am esse ou fuisse.	
Parfait *	us sum — es — est i sumus — estis — sunt.		us sim — sis — sit i simus — sitis — sint.		us, a, um.
Plusqueparfait	us eram — eras — erat i eramus — eratis — erant.		us essem — esses — esset i essemus — essetis — essent		
Futur	iar ieris ietur iemur iemini ientur.			um iri, ou iendum, dam esse	iendus, a, um.
Futur passé				iendum, iendam fuisse.	Supin. u.

* Voyez dixième Tableau, première observation.

DIX-NEUVIÈME TABLEAU.

De la formation des temps des Verbes passifs et déponens.

DES TEMPS SIMPLES.	DES TEMPS COMPOSÉS.
Des temps simples de l'actif on forme les temps correspondans du passif.	*Les temps composés se forment du participe passé passif, en y joignant un des temps du verbe* SUM.
1° Du *présent actif* on forme. . . — Le présent passif, en y ajoutant *r*; EXEMPLE : amo, amor; moneo, moneor, etc.	1° Pour le *parfait*, on y joint. . — *Sum* ou *fui*: amatus sum ou fui.
Du *présent* on forme encore. . — Le participe futur passif, en changeant pour la 1ʳᵉ *o* en *andus*; pour la 2ᵉ *eo* en *endus*; pour les 3ᵉ et 4ᵉ *o* en *endus*; EXEMPLE : amo, amandus, etc.	2° Pour le *plusqueparfait*. . . . . — *Eram* ou *fueram*: amatus eram ou fueram.
2° De l'*imparfait actif*. . . . . . — L'imparfait passif, en changeant *m* en *r*; EXEMPLE : amabam, amabar, etc.	3° Pour le *futur passé*. . . . . . . — *Ero* ou *fuero*: amatus ero ou fuero.
3° Du *futur actif*. . . . . — Le futur passif, en ajoutant *r* pour la 1ʳᵉ et la 2ᵉ conjugaison, et en changeant *m* en *r* pour la troisième et la 4ᵉ; EXEMPLE : amabo, amabor; legam, legar, etc.	4° Pour le *parfait du subjonctif*. . — *Sim* ou *fuerim*: amatus sim ou fuerim.
4° Du *présent du subjonctif*. . . . — Le présent du subjonctif passif, en changeant *m* en *r*; EXEMPLE : amem, amer, etc.	5° Pour le *plusqueparfait du subjonctif*. . . . . — *Essem* ou *fuissem*: amatus essem ou fuissem.
5° De l'*imparfait du subjonctif*. . — L'imparfait du subjonctif passif, en changeant *m* en *r*; EXEMPLE : amarem, amarer, etc.	6° Pour le *parfait de l'infinitif*, pris à l'accusatif. . . . . — *Esse* ou *fuisse*: amatum esse ou fuisse.
6° Du *présent de l'infinitif*. . . . — Le présent de l'infinitif passif, en changeant *e* ou *ere* en *i*; EXEMPLE : amare, amari; monere, moneri; legere, legi, etc.	Le *futur de l'infinitif passif* se forme. . . . . — Du supin actif, en y joignant *iri*: amatum iri; ou de l'accusatif du participe futur du passif, en y joignant *esse*: amandum esse.
7° Du *supin actif*. . . . . — Le supin passif, en retranchant *m*; EXEMPLE : amatum, amatu, etc.	
Du *supin* on forme encore. . . — Le participe passé passif, en changeant *um* en *us*; EXEMPLE : amatum, amatus, etc.	Le *futur passé de l'infinitif* se forme aussi. . . . . — De l'accusatif du participe futur passif, en y joignant *fuisse*: amandum fuisse.
L'impératif passif est toujours semblable à l'infinitif actif.	

Note. Les temps des verbes déponens se forment comme ceux des verbes passifs.

VINGTIÈME TABLEAU.

Des Participes et des Prépositions.

DES PARTICIPES.	PRÉPOSITIONS QUI GOUVERNENT L'ACCUSATIF.	PRÉPOSITIONS QUI GOUVERNENT L'ABLATIF.
1° Les verbes actifs ont deux participes : le participe présent : *amans*, et le participe futur : *amaturus*. 2° Les verbes passifs ont aussi deux participes : le participe passé : *amatus*, et le participe futur : *amandus*. 3° Les verbes déponens ont quatre participes : les deux participes de l'actif : *imitans*, *imitaturus*, et les deux du passif : *imitatus*, *imitandus*. *Note.* Le participe passé de la plupart des verbes déponens a la signification active : ainsi, *imitatus*, signifie *ayant imité*, et non *étant imité*. 4° Les participes suivent en tout la règle des adjectifs, c'est-à-dire, ils se mettent au même genre, au même nombre et au même cas que le nom auquel ils sont joints et qu'ils qualifient. 5° Les participes gouvernent le même cas que le verbe d'où ils viennent ; ainsi l'on dit : *puer amans DEUM*, l'enfant aimant Dieu, parce que *amo* gouverne l'accusatif ; *puer blandiens MATRI*, l'enfant caressant sa mère, parce que le verbe *blandior* gouverne le datif.	Ad, auprès, chez. Adversùm, adversùs, contre. Ante, devant, avant. Apud, auprès, chez. Circà, environ, auprès. Circiter, environ, à peu près. Circùm, autour. Cis, citrà, en-deçà. Contrà, contre. Ergà, envers. Extrà, hors de. Infrà, sous. Inter, entre, parmi. Intrà, dans. Juxtà, auprès. Ob, pour, à cause de. Penès, en la puissance de. Per, par, durant. Ponè, après, derrière. Post, après, depuis. Præter, excepté, outre. Prope, proche de. Propter, pour, à cause de. Secundùm, selon, suivant. Secùs, le long de, auprès. Suprà, sur, au-dessus de. Trans, au-delà. Ultrà, par-delà. Usque, jusque. Versùs, vers.	A, ab, abs, de, par. Absque, sinè, sans. Clàm, à l'insu de. Coràm, devant, en présence. Cum, avec. De, de, sur. E, ex, de, par. Palàm, devant, en présence de. Præ, au-dessus de, devant. Pro, pour. Tenus, jusque. **PRÉPOSITIONS** *Qui gouvernent l'accusatif et l'ablatif.* In, en, dans. Subter, sous, au-dessous de. Sub, sous, au-dessous de. Super, sur, au-dessus de. *Note* 1re. Ces quatre prépositions gouvernent l'accusatif, quand le verbe de la proposition où elles se trouvent marque du mouvement ; et elles gouvernent l'ablatif, quand le verbe marque du repos ou un mouvement dans l'intérieur d'un lieu. 2°. Quand la préposition *cum*, avec, a pour régime un pronom, elle se met après ce pronom, et ne forme avec lui qu'un seul mot. EXEMPLE : *mecum*, avec moi ; *tecum, secum, nobiscum, vobiscum, quocum*, avec qui. 3°. La préposition *tenus* gouverne l'ablatif, lorsque son régime est singulier, *capulo tenus*, jusqu'à la garde ; mais elle gouverne le génitif, quand son régime est pluriel : *aurium tenus*, jusqu'aux oreilles. De plus, elle se met après son régime, ainsi que la préposition *versùs*, vers.

VINGT-UNIÈME TABLEAU.

DES ADVERBES. *Principales espèces d'Adverbes.*

Adverbes de qualité.	Adv. de quantité.	Adverbes de lieu.				Adverbes de temps.	d'interrogation.
		Où l'on est.	*Où l'on va.*	*D'où l'on vient.*	*Par où l'on passe.*		
Docté, savamment.	Parùm, peu.	Ubi, où	Quò, où.	Undè, d'où.	Quà, par où.	Nunc, maintenant.	An, ne? est-ce que?
Beaté, heureusement.	Minùs, moins.	Hìc, ici.	Hùc, ici.	Hinc, d'ici.	Hàc, par ici.	Hodiè, aujourd'hui.	Annon, Nonne? n'est-ce pas?
Miseré, malheureusement.	Satis, assez.	Istìc, là où tu es.	Istùc, là où tu es.	Istinc, de là où tu es.	Istàc, par là où tu es.	Heri, hier.	Num? est-ce que?
Pulchré, bien.	Multùm, beaucoup.	Illìc, là où il est.	Illùc, là où il est.	Illinc, de là où il est.	Illàc, par là où il est.	Pridiè, la veille.	Cur? Quare? Quamobrem? pourquoi?
Facilé, facilement.	Plus, plus.	Ibi, là, y.	Eò, là, y.	Indè, de là.	Eà, par-là, y.	Quondam, autrefois.	Quomodo? comment
Breviter, brièvement.	Nimis, trop	Alibi, ailleurs.	Aliò, ailleurs.	Aliundè, d'ailleurs.	Alià, par un autre endroit	Olim, un jour, autrefois.	Quorsùm? à quoi bon?
Longé, longuement.	Tantùm, autant.	Alicubi, uspiam, quelque part.	Aliquò, en quelque lieu.	Alicundè, de quelque part.	Aliquà, par quelque lieu.	Nuper, dernièrement.	Quidni? pourquoi non?
Utiliter, utilement.	Quantùm, combien.	Ubicumque, partout.	Quocumque, partout.	Undecumque, de quelque endroit que ce soit.	Quàcumque, par quelque endroit que ce soit.	Cràs, demain.	Siccinè? est-ce ainsi?
Celeriter, rapidement.	Semel, une fois.	Ibidem, là même	Eòdem, là même	Indidem, de là même.	Eàdem, par-là même.	Postridiè, le lendemain.	*Note.* Les adverbes de quantité ci-dessus jusqu'à *semel*, une fois, gouvernent le génitif. EXEMPLE: *multùm aquæ*, beaucoup d'eau; *parùm vini*, peu de vin.
Fortiter, vaillamment.	Bis, deux fois.	Nusquàm, nulle part.	Nusquam, nulle part.			Mox, bientôt.	
Prudenter, prudemment.	Ter, trois fois.	Fòris, dehors.	Foràs, dehors.			Diù, long-temps.	
Feliciter, heureusement.	Quater, quatre fois.	Intùs, dedans.	Intrò, dedans.			Semper, toujours.	
Audacter, audacieusement.	Quinquies, cinq fois.	Ubinam? en quel lieu?	Quònam? en quel lieu?	Undenam? de quel lieu?	Quànam? par quel lieu?	Nunquam, jamais.	
Tutò, sûrement.	Decies, dix fois.					Tandem, enfin.	
Citò, vite.	Vicies, vingt fois.					Aliquandò, un jour.	
Noctù, de nuit.	Trigies, trente fois.					Interdùm, de temps en temps.	
Vicissim, tour-à-tour.	Centies, cent fois.					Usquequò? jusqu'à quand?	
Affatim, en abondance.	Millies, mille fois.						
Humanitus, humainement.	Bis.millies, 2000 fois						

REMARQUES.

Les adverbes de qualité, quelques adverbes de quantité et de temps sont susceptibles des degrés de signification; ils les forment ainsi :

POSITIF.	COMPARATIF.	SUPERLATIF.
Docté, savant.	Doctiùs, plus savant.	Doctissimé, le plus savant.
Fortiter,	Fortiùs,	Fortissimé.
Miseré,	Miseriùs,	Miserrimé.
Pulchré,	Pulchriùs,	Pulcherrimé.
Facilé,	Faciliùs,	Facillimé.
Citò,	Citiùs,	Citissimé.
Sæpé,	Sæpiùs,	Sæpissimé.
Diù,	Diutiùs,	Diutissimé.
Serò,	Seriùs,	(Sans superlatif.)
Nuper,	(Sans comparatif.)	Nuperrimé.

Note. On voit que le comparatif adverbe est semblable au comparatif neutre des adjectifs, il n'y a que l'accent qui les distingue.

Le superlatif adverbe se forme du superlatif des adjectifs en changeant *us* en *é*.

Les quatre adverbes suivans forment les degrés de comparaison irrégulièrement :

Bené, bien,	Meliùs, mieux,	Optimé, très-bien.
Malé, mal,	Pejùs, plus mal,	Pessimé, très-mal.
Multùm, beaucoup,	Magis, plus,	Maximé, le plus.
Parùm, peu,	Minùs, moins,	Minimé, le moins.

Les adverbes qui ont une voyelle devant *é*, prennent au comparatif, *magis* et au superlatif, *maximé*. EXEMPLE :

Piè, pieusement,	Magis piè, plus pieusement,	Maximé piè, le plus pieusement.
Assidué, assidûment,	Magis assidué,	——— Maximé assidué, ———

VINGT-DEUXIÈME TABLEAU.

Des Conjonctions et des Interjections.

LES PRINCIPALES CONJONCTIONS SONT:		LES PRINCIPALES INTERJECTIONS SONT:
Ac, atque, et.	Nec, ni.	Pour la joie : O ! ho ! *ah !* Evax ! *bon !*
At, mais.	Nisi, à moins que.	Pour la douleur : Ah ! hei ! *ah !* Heu, eheu ! *hélas !*
Aut, vel, ou.	Porro, or.	Pour l'exhortation : Eu ! eia ! euge ! *bien ! allons ! courage !*
Autem, mais.	Postquam, après que.	Pour l'admiration : Hui ! *ah !*
Cùm, lorsque.	Præterea, outre cela.	Pour l'indignation : Proh ! heu ! *o !*
Donec, jusqu'à ce que.	Quamvis, quoique.	Pour la menace : Væ ! *malheur !*
Dùm, tandis que.	Quia, parce que.	Pour appeler : Heus ! *holà !*
Enim, car.	Quoniam, puisque.	
Ergo, donc.	Quum, lorsque.	
Et, et.	Sed, mais.	
Etenim, en effet.	Si, si.	
Etiam, quoque, aussi.	Sic, ainsi.	
Etsi, etiamsi, quoique.	Simulac, dès que.	
Ideo, idcirco, c'est pourquoi.	Sivè, seu, soit.	
Imò, bien plus.	Tamen, cependant.	
Insuper, de plus.	Tum, alors.	
Ita, ainsi.	Ut, afin que.	
Itaque, c'est pourquoi.	Utrùm, si.	
Licet, quoique.	Ve (après un mot) ou verò, verùm, mais.	
Modo, pourvu que.		
Nam, car.		
Ne, de peur que.		

VINGT-TROISIÈME TABLEAU.

Des Verbes irréguliers.

POSSE, pouvoir.	GAUDERE, se réjouir.	FIERI, devenir.	CONJUGUEZ Sur *Gaudeo.*
INDICATIF. Présent. Possum, je peux. Potes, tu peux. Potest, il peut. Possumus, nous pouvons. Potestis, vous pouvez. Possunt, ils peuvent. **Imparfait.** Poteram, je pouvais, etc. **Parfait.** Potui, j'ai pu, etc. **Plusqueparfait.** Potueram, j'avais pu, etc. **Futur.** Potero, je pourrai, etc. **Futur passé.** Potuero, j'aurai pu, etc. **IMPÉRATIF** (manque). **SUBJONCTIF. Présent.** Possim, que je puisse, etc. **Imparfait.** Possem, que je pusse, etc. **Parfait.** Potuerim, que j'aie pu, etc. **Plusqueparfait.** Potuissem, que j'eusse pu, etc. **INFINITIF. Présent.** Posse, pouvoir. **Parfait.** Potuisse, avoir pu.	**INDICATIF. Présent.** Gaudeo, gaudes, etc., je me réjouis, etc. Imp. Gaudebam, je me réjouissais, etc. **Parfait.** Gavisus sum ou fui, je me suis réjoui, etc. **Plusqueparfait.** Gavisus eram ou fueram, je m'étais réjoui. **Futur.** Gaudebo, je me réjouirai, etc. **Futur passé.** Gavisus ero ou fuero, je me serai réjoui. **IMPÉRATIF.** Gaude ou gaudeto, réjouis-toi, etc. **SUBJONCTIF. Présent.** Gaudeam, que je me réjouisse, etc. **Imparfait.** Gauderem, que je me réjouisse, etc. **Parfait.** Gavisus sim, que je me sois réjoui, etc. **Plusqueparfait.** Gavisus essem, que je me fusse réjoui. **INFINITIF. Présent.** Gaudere, se réjouir. Parf. Gavisum, am, esse ou fuisse, s'être réjoui. Fut. Gavisurum, am esse, devoir se réjouir. Fut. passé. Gavisurum, am fuisse, avoir dû se réjouir. **GÉRONDIFS** (comme Moneo). **Supin.** Gavisum, gavisu, pour, à se réjouir. **PARTICIPES.** Présent. Gaudens, entis, se réjouissant. Passé. Gavisus, a, um, s'étant réjoui. Futur. Gavisurus, a, um, devant se réjouir.	**INDICATIF. Présent.** Fio, fis, fit, fimus, fitis, fiunt, je deviens, tu deviens, il devient, etc. **Imparfait.** Fiebam, je devenais, etc. **Parfait.** Factus sum ou fui, je suis devenu. **Plusqueparfait.** Factus eram ou fueram, j'étais devenu. **Futur.** Fiam, fies, etc., je deviendrai. **Futur passé.** Factus ero, je serai devenu. **Impératif.** Fi, fito, deviens, qu'il devienne. Fiamus, devenons; fite, fitote, devenez; fiunto, qu'ils deviennent. **SUBJONCTIF. Présent.** Fiam, que je devienne, etc. **Imparfait.** Fierem, que je devinsse, etc. **Parfait.** Factus sim, que je sois devenu. **Plusqueparfait.** Factus essem, que je fusse devenu. **INFINITIF. Présent.** Fieri, devenir. Parf. Factum, am esse ou fuisse, être devenu. Futur. Factum iri, ou faciendum esse, devoir devenir. Fut. passé. Faciendum fuisse, avoir dû devenir. Supin. Factu, à être fait. **PARTICIPES.** Passé. Factus, devenu. Futur. Faciendus, devant être fait.	— Audeo, ausus sum, audere, oser. Soleo, solitus sum solere, avoir coutume. Mœreo, mœstus sum, mœrere, avoir du chagrin.

VINGT-QUATRIÈME TABLEAU.

Suite des Verbes irréguliers.

FERRE, porter. *Actif.*		FERRI, être porté. *Passif.*	
INDICATIF.	**SUBJONCTIF.**	**INDICATIF.**	**SUBJONCTIF.**

FERRE, porter. *Actif.*

INDICATIF.   **SUBJONCTIF.**

PRÉSENT.

Fero, je porte. | Feram, que je porte.
Fers, tu portes. | Feras,
Fert, il porte. | Ferat,
Ferimus, nous portons. | Feramus,
Fertis, vous portez. | Feratis,
Ferunt, ils portent. | Ferant.

IMPARFAIT.

Ferebam, je portais, etc. | Ferrem, que je portasse, etc.

PARFAIT.

Tuli, tulisti, j'ai porté, etc. | Tulerim, que j'aie porté.

PLUSQUEPARFAIT.

Tuleram, j'avais porté, etc. | Tulissem, que j'eusse porté.

FUTUR.

Feram, feres, je porterai, etc.

FUTUR PASSÉ.

Tulero, j'aurai porté, etc.

IMPÉRATIF.

Fer ou ferto, porte.
Ferto, qu'il porte.
Feramus, portons.
Ferte, portez.
Ferunto, qu'ils portent.

INFINITIF.

PRÉSENT.   Ferre, porter.
PARFAIT.   Tulisse, avoir porté.
FUTUR.   Laturum, am esse, devoir porter.
FUT. PASSÉ. Laturum, am fuisse, avoir dû porter.
GÉRONDIFS. Ferendi, de porter, ferendo, en portant, ferendum, à ou pour porter.
SUPIN. Latum, à porter.
PARTICIPE PRÉSENT. Ferens, portant.
PARTICIPE FUTUR. Laturus, a, um, devant porter.

FERRI, être porté. *Passif.*

INDICATIF.   **SUBJONCTIF.**

PRÉSENT.

Feror, je suis porté. | Ferar, que je sois porté.
Ferris, | Feraris,
Fertur, | Feratur,
Ferimur, | Feramur,
Ferimini, | Feramini,
Feruntur. | Ferantur.

IMPARFAIT.

Ferebar, j'étais porté, etc. | Ferrer, que je fusse porté, etc.

PARFAIT.

Latus sum, j'ai été porté, etc. | Latus sim, que j'aie été porté.

PLUSQUEPARFAIT.

Latus eram, j'avais été porté. | Latus essem, que j'eusse été porté.

FUTUR.

Ferar, je serai porté, etc.

FUTUR PASSÉ.

Latus ero, j'aurai été porté, etc.

IMPÉRATIF.

Ferre, fertor, sois porté.
Fertor, qu'il soit porté.
Feramur, soyons portés.
Ferimini, soyez portés.
Feruntor, qu'ils soient portés.

INFINITIF.

PRÉSENT. Ferri, être porté.
PARFAIT. Latum, am esse, avoir été porté.
FUTUR. Latum iri ou ferendum esse, devoir être porté.
FUTUR PASSÉ. Ferendum fuisse, avoir dû être porté.
SUPIN. Latu, à être porté.
PARTICIPE PASSÉ. Latus, a, um, ayant été porté.
PARTICIPE FUTUR. Ferendus, a, um, devant être porté.

Conjuguez sur FERO:

Offero, obtuli, oblatum, offrir.
Differo, distuli, dilatum, différer.
Affero, attuli, allatum, apporter.
Aufero, abstuli, ablatum, auferre, ôter, emporter, et tous les composés de *fero*.

VINGT-CINQUIÈME TABLEAU.

Suite des Verbes irréguliers.

VELLE, vouloir.	NOLLE, ne vouloir pas.	MALLE, aimer mieux.

VELLE, vouloir.

INDICATIF. Présent.
Volo, je veux.
Vis, tu veux.
Vult, il veut.
Volumus, nous voulons.
Vultis, vous voulez.
Volunt, ils veulent.

Imparfait.
Volebam, je voulais, etc.

Parfait.
Volui, j'ai voulu, etc.

Plusqueparfait.
Volueram, j'avais voulu, etc.

Futur.
Volam, voles, je voudrai, etc.

Futur passé.
Voluero, j'aurai voulu, etc.

IMPÉRATIF (manque).

SUBJONCTIF. Présent.
Velim, que je veuille.
Velis, que tu veuilles.
Velit, qu'il veuille.
Velimus, que nous voulions.
Velitis, que vous vouliez.
Velint, qu'ils veuillent.
Imparfait. Vellem, que je voulusse, etc.
Parfait. Voluerim, que j'aie voulu, etc.
Plusque. Voluissem, que j'eusse voulu, etc.

INFINITIF.
Présent. Velle, vouloir.
Parfait. Voluisse, avoir voulu.

PARTICIPE. Présent.
Volens, voulant.

NOLLE, ne vouloir pas.

INDICATIF.   SUBJONCTIF.
                  Présent.
Nolo, je ne veux pas. | Nolim, q. je ne veuille pas.
Non vis, | Nolis,
Non vult, | Nolit,
Nolumus, | Nolimus,
Non vultis, | Nolitis,
Nolunt. | Nolint.

Imparfait.
Nolebam, je ne voulais | Nollem, que je ne vou-
            pas. | lusse pas.

Parfait.
Nolui, je n'ai pas voulu. | Noluerim, que je, etc.

Plusqueparfait.
Nolueram, je n'avais | Noluissem, que je
         pas voulu. | n'eusse pas voulu.

Futur.
Nolam, noles, je ne voudrai pas, etc.

Futur passé.
Noluero, je n'aurai pas voulu, etc.

IMPÉRATIF.
Noli, nolito, ne veuille pas.
Nolito, qu'il ne veuille pas.
Nolimus, ne veuillons pas.
Nolite, nolitote, ne veuillez pas.
Nolunto, qu'ils ne veuillent pas.

INFINITIF. Présent.
Nolle, ne vouloir pas.

Parfait.
Noluisse, n'avoir pas voulu.

PARTICIPE. Présent.
Nolens, ne voulant pas.

MALLE, aimer mieux.

INDICATIF. Présent.
Malo, j'aime mieux.
Mavis, tu aimes mieux.
Mavult, il aime mieux.
Malumus, nous aimons mieux.
Mavultis, vous aimez mieux.
Malunt, ils aiment mieux.

Imparfait.
Malebam, j'aimais mieux, etc.

Parfait.
Malui, j'ai mieux aimé, etc.

Plusqueparfait.
Malueram, j'avais mieux aimé, etc.

Futur.
Malam, males, j'aimerai mieux, etc.

Futur passé.
Maluero, j'aurai mieux aimé, etc.

IMPÉRATIF (manque.)

SUBJONCTIF. Présent.
Malim, malis, que j'aime mieux, etc.

Imparfait.
Mallem, que j'aimasse mieux, etc.

Parfait.
Maluerim, que j'aie aimé mieux, etc.

Plusqueparfait.
Maluissem, que j'eusse aimé mieux, etc.

INFINITIF. Présent.
Malle, aimer mieux.

Parfait.
Maluisse, avoir mieux aimé.

VINGT-SIXIÈME TABLEAU.

Suite des Verbes irréguliers.

IRE, ALLER.		QUIRE, POUVOIR.	
INDICATIF.	**SUBJONCTIF.**	**INDICATIF.**	**SUBJONCTIF.**

IRE, ALLER.

INDICATIF.   **SUBJONCTIF.**

PRÉSENT.

Eo , je vais. | Eam , que j'aille.
Is , tu vas. | Eas , que tu ailles.
It , il va. | Eat , qu'il aille.
Imus , nous allons. | Eamus, que nous allions.
Itis , vous allez. | Eatis , que vous alliez.
Eunt , ils vont. | Eant , qu'ils aillent.

IMPARFAIT.

Ibam , ibas, j'allais , etc. | Irem , ires , que j'allasse , ou j'i—rais, etc.

PARFAIT.

Ivi ou ii, je suis allé , etc. | Iverim ou ierim, q. je sois allé, etc.

PLUSQUEPARFAIT.

Iveram , j'étais allé , etc. | Ivissem ou iissem, q. je fusse al., etc.

FUTUR.

Ibo , ibis , j'irai.

FUTUR PASSÉ.

Ivero ou iero , je serai allé , etc.

IMPÉRATIF.

I ou ito , va.
Ito , qu'il aille.
Eamus , allons.
Ite ou itote , allez.
Eunto , qu'ils aillent.

INFINITIF.

PRÉSENT. Ire , aller.
PARFAIT. Ivisse ou iisse , être allé.
FUTUR. Iturum , am esse , devoir aller.
FUTUR PASSÉ. Iturum , am fuisse , avoir dû aller.
GÉRONDIFS. Eundi, d'aller ; eundo en allant ; eundum, à ou pour aller.
SUPINS. Itum , à aller ; itu , à être allé.
PARTICIPE PRÉSENT. Iens , *gén.* euntis, allant.
PARTICIPE FUTUR. Iturus , a , um , devant aller.

QUIRE, POUVOIR.

INDICATIF.   **SUBJONCTIF.**

PRÉSENT.

Queo , je peux. | Queam, que je puisse, etc.
Quis , tu peux. | Queas ,
Quit , il peut. | Queat ,
Quimus , nous pouvons. | Queamus ,
Quitis , vous pouvez. | Queatis ,
Queunt , ils peuvent. | Queant.

IMPARFAIT.

Quibam , je pouvais , etc. | Quirem, que je pusse, ou je pour—rais, etc.

PARFAIT.

Quivi , j'ai pu , etc. | Quiverim , que j'aie pu , etc.

PLUSQUEPARFAIT.

Quiveram , j'avais pu , etc. | Quivissem , que j'eusse pu , etc.

FUTUR.

Quibo , quibis , etc. , je pourrai , etc.

FUTUR PASSÉ.

Quivero , j'aurai pu , etc.

IMPÉRATIF (manque.)

INFINITIF.

PRÉSENT. Quire , pouvoir.

Conjuguez sur EO :

Exire , exeo , sortir.
Perire , pereo , périr.
Redire , redeo , revenir.
Adire , adeo , aller trouver.
Transire , transeo , passer outre.
Abire , abeo , s'en aller.

Sur QUEO :

Nequeo , je ne peux pas.

Suite des Verbes irréguliers.

ODISSE, Haïr.	MEMINISSE, se souvenir.	AIO, je dis.
INDICATIF. Présent. Odi, je hais. Odisti, tu hais. Odit, il hait. Odimus, nous haïssons. Odistis, vous haïssez. Oderunt, êre, ils haïssent. Imparfait. Oderam, je haïssais, etc. Parfait. Osus sum ou fui, j'ai haï, etc. Plusqueparfait. Osus eram ou fueram, j'avais haï, etc. Futur. Odero, je haïrai, etc. Futur Passé. Osus ero ou fuero, j'aurai haï, etc. IMPÉRATIF (manque.) SUBJONCTIF. Présent. Oderim, que je haïsse, etc. Imparfait. Odissem, que je haïsse, etc. Parfait. Osus sim ou fuerim, que j'aie haï, etc. Plusqueparfait. Osus essem ou fuissem, que j'eusse haï. INFINITIF. Présent. Odisse, haïr. Parfait. Osum, am esse ou fuisse, avoir haï. Futur. Osurum esse, devoir haïr. Futur passé. Osurum fuisse, avoir dû haïr. Participe passé. Osus, a, um, ayant haï. Participe futur. Osurus, a, um, devant haïr.	**INDICATIF. Présent.** Memini, je me souviens. Meministi, tu te souviens. Meminit, il se souvient. Meminimus, nous nous souvenons. Meministis, vous vous souvenez. Meminuerunt, ils se souviennent. Imparfait. Memineram, je me souvenais, etc. Parfait et Plusqueparfait (manquent.) Futur. Meminero, je me souviendrai, etc. Futur passé (manque.) IMPÉRATIF. Memento, souviens-toi. Memento, qu'il se souvienne. Mementote, souvenez-vous. SUBJONCTIF. Présent. Meminerim, que je me souvienne, etc. Imparfait. Meminissem, que je me souvinsse, etc. Parfait et Plusqueparfait (manquent.) INFINITIF. Présent. Meminisse, se souvenir. *Conjuguez sur MEMINI :* Novi, je connais. Cœpi, je commence; mais ils n'ont pas d'impérat.	Ce verbe n'a que les temps et les personnes qui suivent : **INDICATIF. Présent.** Aio, je dis. Ais, tu dis. Ait, il dit. Aiunt, ils disent. Imparfait. Aiebam, aiebas, aiebat, aiebamus, aiebatis, aiebant, je disais, etc. Parfait. Aisti, tu as dit. Aistis, vous avez dit. IMPÉRATIF. Ai, dis. SUBJONCTIF. Présent. Aias, que tu dises. Aiat, qu'il dise. Aiaut, qu'ils disent. PARTICIPE. Présent. Aiens, disant. *Note.* Les verbes *Meminisse*, *Aio*, *Inquam*, s'appellent *défectueux*, parce qu'ils manquent de plusieurs temps et de plusieurs personnes.

VINGT-HUITIÈME TABLEAU.

Suite des Verbes irréguliers.

INQUAM, DIS-JE.	OPORTERE, FALLOIR.	

INQUAM, DIS-JE.

INDICATIF. Présent.

Inquam, dis-je.
Inquis, dis-tu.
Inquit, dit-il.
Inquimus, disons-nous.
Inquitis, dites-vous.
Inquiunt, disent-ils.

Imparfait.

Inquiebat, disait-il.
Inquiebant, disaient-ils.

Parfait.

Inquisti, as-tu dit.
Inquit, a-t-il dit.
Inquistis, avez-vous dit.

Futur.

Inquies, diras-tu.
Inquiet, dira-t-il.

IMPÉRATIF.

Inque, inquito, dis.

SUBJONCTIF. Présent.

Inquiat, qu'il dise.

Note. Ce verbe n'a que les temps et les personnes ci-dessus indiqués.

OPORTERE, FALLOIR.

INDICATIF. Présent.

Oportet, il faut.

Imparfait.

Oportebat, il fallait.

Parfait.

Oportuit, il a fallu.

Plusqueparfait.

Oportuerat, il avait fallu.

Futur.

Oportebit, il faudra.

Futur passé.

Oportuerit, il aura fallu.

SUBJONCTIF. Présent.

Oporteat, qu'il faille.

Imparfait.

Oporteret, il faudrait ou qu'il fallût.

Parfait.

Oportuerit, qu'il ait fallu.

Plusqueparfait.

Oportuisset, qu'il eût fallu.

INFINITIF. Présent.

Oportere, falloir.

Parfait.

Oportuisse, avoir fallu.

Conjuguez sur OPORTET :

Decet, il convient.
Licet, il est permis.
Libet, il plaît.
Liquet, il est clair.

Note. Ces verbes s'appellent *unipersonnels*, parce que dans tous leurs temps, ils n'ont que la troisième personne du singulier.

Troisième colonne

Sur OPORTET, *se conjuguent encore les verbes suivans:*

Me pœnitet, je me repens.
Me pudet, j'ai honte.
Me piget, je suis fâché.
Me tœdet, je m'ennuie.
Me miseret, j'ai pitié ou compassion.

Ces verbes ont toujours devant eux un pronom personnel à l'accusatif, comme :

Me pœnitet, je me repens.
Te pœnitet, tu te repens.
Se, illum, illam pœnitet, il, elle se repent.
Nos pœnitet, nous nous repentons.
Vos pœnitet, vous vous repentez.
Se, illos, illas pœnitet, ils se repentent.

Et ainsi dans tous leurs temps de l'indicatif et du subjonctif. A l'infinitif ils ont de plus les temps suivans :

PARTICIPE. Présent.

Pœnitens, se repentant.

PARTICIPE FUTUR PASSIF.

Pœnitendus, a, um, dont on doit se repentir.

Gérondifs.

Pœnitendi, de se repentir.
Pœnitendo, en se repentant.
Pœnitendum, à ou pour se repentir.

FIN.

EXERCICES SUR LES CONJUGAISONS.

<table>
<tr><td colspan="2">RÈGLE. Tout verbe qui n'est pas à l'infinitif doit être du même nombre et de la même personne que son sujet ou nominatif. Ex.: Ego sum, je suis. Sum est de la première personne et du nombre singulier, parce que son sujet ego est de la première personne et du singulier. Pueri student, les enfans étudient ; student est de la troisième personne et du nombre pluriel, parce que son sujet pueri est de la troisième personne et du pluriel.

REMARQUE. Quand le verbe a pour sujet un pronom personnel, ce sujet est rarement exprimé en latin. Ex. : nous lisons, legimus, au lieu de nos legimus.</td></tr>
</table>

EXERCICES FRANÇAIS à mettre EN LATIN, OU THÈMES.	EXERCICES LATINS à mettre EN FRANÇAIS, OU VERSIONS.	EXERCICES FRANÇAIS.	EXERCICES LATINS.	DICTIONNAIRE DES THÈMES.	DICTIONNAIRE DES VERSIONS.
1° Vous êtes ; il est ; nous étions ; vous fûtes ; ils ont été ; vous avez été ; tu seras ; il serait ; nous eûmes été ; sois ; que vous soyez ; qu'il fût ; qu'il eût été ; que nous ayons été ; avoir été ; devant être ; soyons ; ils furent ; vous avez été. Je suis présent ; il a été présent ; le maître sera absent ; qu'il soit absent. **2°** Dieu est, a été, et sera ; nous avons été absens ;	**1°** Sunt ; es ; erat ; fuimus ; eratis ; fuerat ; erit ; erunt ; fueratis ; fuero ; fuerimus ; este ; esto ; sunto ; estote ; sis ; esses ; sint ; essemus ; essent ; fuerimus ; fuerim ; fuissetis ; esse ; fore ; fuisse ; futurus ; futurum fuisse. Ades ; adfuimus ; aderit ; alumnus abfuit ; abfuerat ; abesset ; præceptores adsunt ; adsunto. **2°** Abfuimus ; aberis ; absis. Scientia prodest ;	soyezabse ns. Les livres sont utiles ; ils ont été utiles ; ils seront utiles ; la vertu est utile ; elle a été utile ; elle sera utile ; elle fut utile. L'homme a manqué ; il manquera ; il manqua ; les hommes manquèrent ; qu'ils manquassent ; qu'ils eussent manqué. Le magistrat préside ; il présida ; il a présidé ; il présiderait ; devant présider ; qu'il préside. Les magistrats ont présidé ; ils présidèrent ; ils présideront ; qu'ils présidassent ; avoir présidé.	profuit, proderit ; prodesset, proderat ; profuisset ; profutura. Discipuli desunt ; deerant ; deerunt ; desunto ; defuerant ; puer defuisset ; deest ; deesto ; non desit ; nunquam deerit. Dux præfuit ; præfuisset ; præerit ; præfuerit ; præsit ; præesto. Duces præsunt ; præerunt ; præessent ; præerant ; præfuerint. Præeram ; præfuisti ; præeritis ; præfuissemus ; præesset ; præsunto ; præfuturum esse ; præesse ; præfuisse.	Dieu. Deus, *gén.* dei. Être. Esse, sum, fui. Être absent. Abesse, absum, abfui. Être présent. Adesse, adsum, adfui. Être utile. Prodesse, prosum, profui. *(Voyez pour ce verbe la remarque du tableau du verbe sum).* Homme. Homo, *gén.* minis. Livre. Liber, *gén.* libri. Magistrat. Magistratus, *gén.* magistratûs. Maître. Præceptor, *gén.* præceptoris. Manquer à. Deesse, desum, defui. Présider. Præesse, præsum, præfui. Vertu. Virtus, *gén.* virtutis.	Absum, es, fui, esse, être absent. Adsum, ades, adfui, adesse, être présent. Alumnus, *gén.* alumni, l'élève. Desum, dees, defui, deesse, manquer *à.* Discipulus, *gén.*, discipuli, écolier. Dux, *gén.* ducis, général. Et (conj.), et. Non (adv.), ne pas. Nunquam (adv.), ne jamais. Præceptor, *gén.* toris, maître. Præsum, præes, præfui, præesse, présider. Prosum, prodes, profui, prodesse, être utile. Puer, *gén.* pueri, enfant. Scientia, *gén.* scientiæ, f., science.

EXERCICES SUR LES CONJUGAISONS.

EXERCICES FRANÇAIS.	EXERCICES LATINS.	EXERCICES FRANÇAIS.	EXERHICES LATINS.	DICTIONNAIRE DES THÈMES.	DICTIONNAIRE DES VERSIONS.
3°	3°	4°	4°		
La mère prie ; elle a prié. Nous prierons ; vous priâtes ; ils prieraient ; tu aurais prié ; nous priions ; prie souvent. Les agriculteurs labourent ; ils laboureraient ; qu'ils labourent ; qu'ils eussent labouré ; avoir labouré ; à labourer. Nous appelâmes ; appelle ; j'ai appelé ; tu appelleras ; vous auriez appelé ; devant appeler. Le peuple a obtenu ; il obtiendra ; il obtint. Vous auriez obtenu ; ils obtiendraient. Le père a donné ; il donnera ; il aura donné ; qu'il donnât ; avoir donné ; pour donner ; vous donneriez.	Deus creavit et servat. Frater vocat ; vocabit ; vocaret ; vocet ; vocaremus ; vocatum ; judex judicabat ; judicaverit ; judicavisset ; judices judicabunt ; judicent. Latrones spoliant ; spoliarent ; spoliavissent ; non spolient. Latro spoliabit ; spoliaverat ; spoliaverit ; rex dedit ; daret ; det ; dabat ; dedisset. Dedisse ; daturus ; datum. Lignarius secat ; secuit ; secaret ; secuerat ; secato ; secuisset. Lignarii secuerunt ; secuerint ; secent ; secabant ; secuisse ; sectum. Seca ; secuisemus ; secabitis ; secarem ; secueris.	Étudiez ; j'ai étudié ; tu n'étudies pas ; il étudiera ; vous étudieriez. L'enfant aurait étudié. Les enfans n'étudiaient pas. Nous avons ; il avait ; tu as eu ; ils auront ; aie ; vous auriez ; que tu eusses eu ; ayez. Le professeur enseigne ; il enseigna. Les professeurs ont enseigné. Tu enseigneras ; avoir enseigné ; à enseigner ; devant enseigner. Le jeune homme rira ; il a ri ; qu'il rie ; il aura ri. Rions ; rire ; en riant. Obéissons ; il n'a pas obéi ; tu obéiras ; que vous ayez obéi ; obéis ; il obéirait ; tu aurais obéi ; vous obéissiez.	Virtus placet ; placuerat ; placebit ; placeret ; placuisset. Oratores moverunt ; movebunt ; moveant. Movisse ; motum. Possidemus ; possedimus ; possederimus ; possedisse ; possessurum fuisse. Ver apparet ; apparebit ; appareat. Prandes ; prandi ; prandisses ; pranderes. Poma pendent ; pependerunt ; pependissent. Annus spondet ; spopondit ; spoponderit. Spopondissetis ; spopondisse ; sponsurum esse ; spondendo. Dies illucet ; illuxit ; illuceret ; illuxerit. Nix candet ; canduit ; semper candebit.	Agriculteur. Agricola, *gén.* agricolæ, m. Appeler. Vocare, voco, as, avi, atum. Avoir. Habere, habeo, es, ui, itum. Donner. Dare, do, das, dedi, datum. Enseigner. Docere, doceo, es, ui, ctum. Étudier. Studere, studeo, es, ui. Jeune homme. Juvenis, *gén.* juvenis, m. Labourer. Arare, aro, as, avi, atum. Mère. Mater, *gén.* matris, f. Obéir. Parere, pareo, es, ui. Obtenir. Impetrare, impetro, as, avi, atum. Père. Pater, *gén.* patris, m. Peuple. Populus, *gén.* populi, m. Prier. Orare, oro, as, avi, atum. Professeur. Professor, *gén.* professoris. Rire. Ridere, rideo, es, risi, risum.	Annus, *gén.* anni, m., année. Appareo, es, ui, ere, paraître. Candeo, es, ui, ere, être blanc. Creo, as, avi, atum, are, créer. Deus, *gén.* dei, m., dieu. Dies, *gén.* diei, m., et f. jour. Do, das, dedi, datum, dare, donner. Frater, *gén.* fratris, m., frère. Illuceo, es, xi, ere, luire. Judex, *gén.* judicis, m., juge. Judico, as, avi, atum, are, juger. Latro, *gén.* latronis, m., voleur. Lignarius, *gén.* rii, m., bûcheron. Moveo, es, vi, motum, ere, toucher. Nix, *gén.* nivis, f., neige. Orator, *gén.* toris, m., orateur. Pendeo, es, pependi, pensum, dere, pendre. Placeo, es, ui, itum, ere, plaire. Pomum, *gén.* mi, n., fruit. Possideo, des, possedi, possessum, dere, posséder. Prandeo, di, pransum, dere, dîner. Rex, *gén.* regis, m., roi. Seco, as, secui, sectum, are, couper. Semper (adv.), toujours. Servo, as, avi, atum, are, conserver. Spolio, as, avi, atum, are, dépouiller. Spondeo, es, spopondi, sponsum, dere, promettre. Ver, *gén.* veris, n., printemps. Voco, as, avi, atum, are, appeler.

EXERCICES SUR LES CONJUGAISONS.

EXERCICES FRANÇAIS.	EXERCICES LATINS.	DICTIONNAIRE DES THÈMES.	DICTIONNAIRE DES VERSIONS.
5° Le soleil brûlait; il a brûlé; il brûlerait; qu'il eût brûlé; qu'il brûle. Avoir brûlé; à brûler. Les fruits mûriront; ils mûriraient; ils ont mûri. Tu apprends; il a appris; nous apprendrons; vous apprendriez; qu'il apprenne; que tu eusses appris; en apprenant. Le joueur perd; il perdrait; il a perdu. Les joueurs perdirent; ils perdront. Le pied touche; il a touché; qu'il touche. Nous toucherions; ils auront touché; tu touchas. **6°** Le menteur trompe; il tromperait; il a trompé; il aurait trompé. Les menteurs tromperont; ils trompèrent. L'histoire dit; elle dira; qu'elle dise. Tu as dis; dis. Il fit; nous ferons; qu'il fasse; fais; vous feriez; avoir fait; à faire. Tu as faim; nous aurons faim; j'eus faim; vous auriez eu faim. Il a soif; vous aviez soif; ils auraient eu soif. L'ami viendra; il est venu; qu'il vienne; il vint; qu'il soit venu. Je sais; sachant; sache; vous sauriez; qu'il sût; avoir su.	**5°** Luscinia canit; caneret; cecinit; canet; cecinisset. Canis mordet; momorderit; morderat; mordebat; mordeto. Domus cadet; cecidit; caderet; ceciderit; cadat. Turres ceciderunt; cecidissent. Mercator vendit; vendidit; vendiderat. Mercatores vendunt; vendiderunt. Scribimus; scripsisti; scripseram; scribe; scripturus; scriptum. Ver incipit; incepit; incipito. Hiems fugit; fugerat; fugisset; fugiendo; fugitum. **6°** Munimus; muniebas; munirent; muniturum esse. Dux muniet; muniat; munivisset. Punivimus; puniveras; puniat; puniretis. Lex punit; puniet; puniens. Invenisti; inveniremus; inveniant; inventurus; inventum. Portitor aperiebat; aperuit; aperiret; aperiat; aperuerit; aperturus. Sentimus; senserunt; senties; sensimus; sensum; senseritis. Puer flet; flebit; fleret; flevit; flevisset; pueri flebunt; fleverint; flebant; fleverant; flevisse, fletum.	Ami. Amicus, *gén.* ci, m. Apprendre. Discere, disco, is, didici, discitum. Avoir faim. Esurire, io, is, ivi ou ii, itum. Avoir soif. Sitire, tio, is, ivi. Brûler. Urere, uro, is, ussi, ustum. Dire. Dicere, dico, is, dixi, dictum. Faire. Facere, facio, is, feci, factum. Histoire. Historia, *gén.* æ, f. Joueur. Lusor, oris, m. Menteur. Mendax, *gén.* acis, m. Mûrir. Maturesco, is, rui, escere. Perdre. Perdere, perdo, perdis, perdidi, perditum. Pied. Pes, *gén.* pedis, m. Savoir. Scire, scio, is, scivi, scitum. Soleil. Sol. *gén.* solis, m. Toucher. Tangere, go, is, tetigi, tactum. Tromper. Fallere, lo, is, fefelli, falsum. Venir. Venire, io, is, veni, ventum.	Aperio, is, ui, tum, ire, ouvrir. Cado, is, cecidi, casum, ere, tomber. Canis, *gén.* canis, m., chien. Cano, is, cecini, cantum, ere, chanter. Domus, *gén.* i et ûs, m. et f., maison. Dux, *gén.* ducis, m., général. Fleo, es, flevi, fletum, flere, pleurer. Fugio, is, fugi, fugitum, fugere, fuir. Hiems, *gén.* hiémis, f., hiver. Janitor, oris, m. portier. Incipio, is, incepi, inceptum, incipere, commencer. Invenio, is, inveni, inventum, invenire, trouver. Lex, *gén.* legis, f., loi. Luscinia, *gén.* æ, f. rossignol. Mercator, *gén.* oris, m., marchand. Mordeo, es, momordi, morsum, mordere, mordre. Munio, is, ivi, itum, ire, fortifier. Punio, is, ivi, itum, ire, punir. Scribo, is, scripsi, scriptum, scribere, écrire. Sentio, is, sensi, sensum, tire, sentir. Turris, *gén.* ris, f., tour. Vendo, is, vendidi, venditum, vendere, vendre. Ver, *gén.* veris, n., printemps.

EXERCICES SUR LES CONJUGAISONS.
Verbes passifs.

	EXERCICES FRANÇAIS.	EXERCICES LATINS.	DICTIONNAIRE DES THÈMES.	DICTIONNAIRE DES VERSIONS.

EXERCICES FRANÇAIS.

7°

Dieu est adoré ; il a été adoré ; il sera toujours adoré ; qu'il soit adoré ; qu'il eût été adoré. Le roi fut aimé ; il est aimé ; il serait aimé. Le menteur a été châtié ; il sera châtié ; il aura été châtié ; devant être châtié. Les trompeurs seront châtiés ; ils ont été châtiés. Les soldats ont été excités, et la ville fut prise. Nous avons été invités ; vous seriez invités ; avoir été invité. La nouvelle fut annoncée ; elle aura été annoncée ; qu'elle soit annoncée ; elle serait annoncée.

8°

L'écolier a été averti ; il serait averti ; il aurait été averti. Les écoliers seront avertis ; qu'ils aient été avertis. La table est approchée ; elle a été approchée ; qu'elle soit approchée. Les traîtres sont méprisés ; ils avaient été méprisés ; ils seront méprisés ; qu'ils soient méprisés. Les fruits seront récoltés ; il seraient récoltés ; ils auraient été récoltés. L'ordre a été transmis ; devant être transmis ; il sera transmis. Les ordres auront été transmis. Les trésors ont été soustraits ; ils seraient soustraits ; ils ne seront pas soustraits. Le pays aurait été subjugué ; il sera subjugué ; il a été subjugué.

EXERCICES LATINS.

7°

Pauperes contristantur ; contristati sunt ; contristabuntur ; non contristentur. Avarus spernitur ; spernatur ; spretus est ; sperneretur ; spernendus. Sententia mutatur ; mutabitur ; mutata est ; mutaretur. Viator occidebatur ; occisus fuerat ; occidetur ; occideretur ; viatores occisi sunt ; occisi fuissent. Dux victus est, vinceretur ; vincitor. Imperatores vincebantur ; vincerentur. Decipiebaris ; deceptisumus ; decipiemini ; deciperemini ; decipiendus ; deceptum esse ; decipi.

8°

Virtus remuneratur ; remunerabitur. Exercitus ducitur ; ductus est ; ducetur ; duceretur ; ductus esset ; ducendus. Asinus induitur ; induebatur ; indutus fuerat ; induatur ; indutus fuerit. Domus evertetur ; eversus est ; evertatur ; evertitor ; everteretur ; eversus esset ; everti ; eversu. Dolium impletur ; impletum est ; impleatur ; implebitur ; impletum fuisset ; impletu. Prodimur ; proditi sumus ; prodetur ; prodatur ; proderemini ; proditus fuisses ; proditum esse. Captivi remittuntur ; remissi essent ; remitterentur ; remittantor ; remittendi ; remissi fuerint.

DICTIONNAIRE DES THÈMES.

Adorer. Adorare, o, as, avi, atum.
Annoncer. Nuntiare, o, as, avi, atum.
Approcher. Admovere, veo, vi, admotum.
Châtier. Castigare, o, as, avi, atum.
Écolier. Discipulus, gén. i, m.
Exciter. Incitare, o, as, avi, atum.
Inviter. Invitare, o, as, avi, atum.
Mépriser. Spernere, o, is, sprevi, spretum.
Nouvelle. Nuntius, gén. tii, m.
Ordre. Mandatum, gén. i, n.
Pays. Regio, gén. onis, f.
Prendre. Capere, io, is, cepi, captum.
Récolter. Colligere, o, is, collegi, collectum.
Soldat. Miles, gén. litis, m.
Soustraire. Subducere, co, sis, duxi, ductum.
Subjuguer. Subigere, o, is, subegi, subactum.
Table. Mensa, gén. æ, f.
Traître. Proditor, gén. oris, m.
Transmettre. Transmittere, o, is, misi, missum.
Trésor. Thesaurus, gén. i, m.
Trompeur. Fraudator, gen. oris, m.
Ville. Urbs, gén. urbis, f.

DICTIONNAIRE DES VERSIONS.

Asinus, gén. i, m., âne.
Avarus, gén. i, m., avare.
Captivus, gén. i, m., prisonnier.
Contristo, as, avi, atum, are, affliger.
Decipio, pis, decepi, deceptum, decipere, tromper.
Dolium, gén. lii, n., tonneau.
Duco, is, duxi, ductum, ducere, mener.
Everto, is, everti, eversum, evertere, renverser.
Exercitus, gén. tûs, m., armée.
Impérator, gén. toris, m., général.
Impleo, es, evi, etum, ere, emplir.
Induo, is, dui, dutum, ere, revêtir.
Muto, as, avi, atum, are, changer.
Occido, is, di, sum, ere, tuer.
Pauper, gén. eris, m., pauvre.
Prodo, is, prodidi, proditum, prodere, trahir.
Remitto, is, misi, missum, mittere, renvoyer.
Remunero, as, avi, atum, are, récompenser.
Sententia, gén. æ, f., avis.
Viator, gén. toris, m., voyageur.
Vinco, is, vici, victum, vincere, vaincre.

EXERCICES FRANÇAIS.	EXERCICES LATINS.	DICTIONNAIRE DES THÈMES.	DICTIONNAIRE DES VERSIONS.

9°

Exercices français :

La fille prie ; elle priera ; elle prierait. Nous avons prié ; vous priâtes ; qu'ils prient. L'étranger admirait ; il a admiré ; il aurait admiré ; qu'il eût admiré ; ayant admiré ; devant être admiré. Le malfaiteur a avoué ; il avoue ; qu'il avoue. Vous avouerez ; ils avoueraient. Vous avez oublié ; j'oublierais ; tu n'oublieras pas ; il aura oublié ; devant oublier ; devant être oublié. Le frère naquit ; il naît ; il était né ; il serait né ; avoir été né. Il mourut ; il est mort ; il mourra ; il mourrait ; qu'il mourût. Nous mourrons.

Exercices latins :

Parentes hortantur ; hortati sunt ; hortabuntur ; hortentur ; hortati fuissent. Leo venatus est ; venatur ; venabitur ; venatus erat ; venans ; venaturus ; venatus. Lepus veretur ; veritus esset ; vereretur. Lepores verebuntur ; veriti erant. Querimur ; querebaris ; questus est ; querentur ; quererentur ; querens ; questus. Principes pacti sunt, pasciscuntur ; paciscebantur ; paciscerentur ; pacti fuissent. Sol oritur ; ortus erat ; orietur ; oriatur ; oriretur ; ortus fuerit ; oriturus ; oriens ; ortus.

10°

Exercices français :

Le seigneur parle ; il a parlé ; il avait parlé ; il parlera ; qu'il ait parlé. L'ami est parti ; il partira ; qu'il parte. Pars ; partons ; je partirais ; ils seraient partis ; devant partir ; étant parti. L'artisan essaie ; il essaiera ; qu'il essaie. Nous avons essayé ; avoir essayé. Le loup s'est éveillé ; il s'éveillerait ; il se sera éveillé ; devant s'éveiller. L'ennemi s'est emparé ; il s'empare ; il se sera emparé ; qu'il s'empare. Emparons-nous ; tu t'empareras ; s'être emparé ; il ne s'emparerait pas.

Exercices latins :

Orator nititur ; nitebatur ; nixus fuerat ; nitatur ; nitetur ; niteretur ; nixus fuisset ; nixum esse. Hæredes partiuntur ; partiti sunt ; partientur ; partirentur ; partiti erunt. Partiamur ; partitor ; partiens ; partiturus. Lapsus es ; labitur ; laberemini ; lapsus fuisset ; lapsum esse ; labens ; lapsus. Fungitur ; fungemini ; fungere ; fungamur ; fungereris ; functus eris ; functi essent ; functum iri. Lapicida metitur ; mensus est ; metiatur ; metiretur ; mensus erat ; metiebatur ; mensurus ; metiens.

Dictionnaire des thèmes :

Admirer. Mirari, miror, atus sum.
Artisan. Opi*fex*, *gén.* ficis, m.
Avouer. Fat*eri*, eor, fassus sum.
Emparer (s'). Pot*iri*, ior, iris, potitus sum.
Ennemi. Hos*tis*, *gén.* is, m.
Essayer. Exper*iri*, ior, iris, expertus sum.
Étranger. Adven*a*, *gén.* æ, m.
Éveiller (s'). Expergis*ci*, or, eris, experrectus sum.
Fille. Fil*ia*, *gén.* æ, f.
Frère. Frater, *gén.* tris, m.
Loup. Lup*us*, *gén.* i, m.
Malfaiteur. Malefactor, *gén.* oris, m.
Mourir. Mor*i*, ior, eris, mortuus sum (*).
Naître. Nas*ci*, cor, eris, natus sum (*).
Nourrir (se). vesc*i*, cor, eris.
Oublier. Oblivis*ci*, cor, eris, oblitus sum.
Parler. Lo*qui*, quor, eris, locutus sum.
Partir. Proficis*ci*, cor, eris, profectus sum.
Prier. Prec*ari*, or, aris, atus sum.
Seigneur. Domin*us*, *gén.* i, m.

(*) Les trois verbes *morior*, *nascor*, *orior*, font au participe futur *moriturus*, *nasciturus*, *oriturus*.

Dictionnaire des versions :

Arator, *gén.* oris, m. laboureur.
Fungor, eris, functus sum, fungi, s'acquitter.
Hære*s*, *gén.* edis, m., héritier.
Hort*or*, aris, atus sum, ari, exhorter.
Lab*or*, *gén.* oris, m., travail.
Lapicid*a*, *gén.* æ, m., tailleur de pierre.
Le*o*, *gén.* onis, m. lion.
Lep*us*, *gén.* oris, m., lièvre.
Met*ior*, iris, mensus sum, iri, mesurer.
Nit*or*, eris, nixus sum, niti, s'efforcer.
Or*ior*, iris, ortus sum, oriri, s'élever (*).
Paciscor, eris, pactus sum, pacisci, convenir.
Parentes, *gén.* tum, pl. m., les parens.
Part*ior*, iris, partitus sum, iri, partager.
Prin*ceps*, *gén.* cipis, m. prince.
Quer*or*, eris, questus sum, queri, se plaindre.
Sol, *gén.* solis, m., soleil.
Ven*or*, aris, venatus sum, venari, chasser.
Vere*or*, eris, veritus sum, vereri, craindre.

EXERCICES SUR LES CONJUGAISONS.

Verbes irréguliers.

EXERCICES FRANÇAIS.	EXERCICES LATINS.	DICTIONNAIRE DES THÈMES.	DICTIONNAIRE DES VERSIONS.
11° L'homme se réjouit ; il se réjouira ; il s'est réjoui ; il se réjouissait. Réjouissons-nous ; qu'ils se fussent réjouis. Nous avons coutume ; nous avons eu coutume ; le cerf a coutume ; il eut coutume ; qu'il ait eu coutume ; qu'il eût eu coutume. Avoir coutume ; avoir eu coutume. Le prisonnier a du chagrin ; il aura eu du chagrin ; qu'il n'ait pas de chagrin ; il aurait du chagrin ; il aurait eu du chagrin. Le voleur a osé ; il osait ; il oserait ; il aurait osé ; qu'il eût osé. Avoir osé ; devant oser. Porte ; tu portas ; je portais ; nous porterons ; vous portez ; à porter ; portant. Tu seras porté ; vous avez été portés ; vous seriez portés ; avoir été portés. **12°** Le messager avait apporté ; il apporte ; il apportera ; qu'il apporte ; qu'il apportât ; il apporterait. La nouvelle est apportée ; elle sera apportée ; elle aura été apportée. Le domestique a emporté ; il aurait emporté ; qu'il emporte. Les vents ont emporté ; ils emporteront. Les fruits ont été emportés ; ils seront emportés ; ils auraient été emportés. Vous devenez ; tu deviendras ; il est devenu ; devenez ; nous deviendrions ; devenu. La brebis est allée ; elle va ; elle ira ; elle serait allée. Nous allâmes ; il sera allé ; vous irez ; ils iraient ; qu'ils allassent ; être allé ; allant ; en allant.	**11°** Gaudeamus ; gaudebitis ; gauderent ; gavisus eras ; gavisi essetis ; gaudendo ; gavisum ; gavisurum fuisse ; gavisus. Mendax audet ; audebit ; ausus fuerat ; auderet ; ausus fuisset. Solebamus ; puer solet ; solitus est ; soliti eratis ; solebis. Mœrebas ; mœremus ; mœsti fuerunt ; mœrebunt ; mœrerent ; mœsti fueritis ; mœstus fuisset ; mœrere ; mœstum fuisse. Fers ; tulit ; feret ; ferremus ; laturus ; tulissetis ; tuleramus ; ferte ; ferant ; tulerimus ; latum. Ferris ; feretur ; ferretur ; feramini ; latum iri ; ferendus ; ferre ; feruntor. **12°** Navis abstulit ; aufert ; abstulerat ; auferre ; auferret ; abstulisset. Aufer ; auferendus ; auferebatis. Calamus auferebatur ; ablatus fuerat ; auferretur ; ablatus fuerit ; auferendum esse. Fi ; fitis ; fieremus ; factus est ; facti fuerint ; fiebatis ; fient ; fitote ; factus ; faciendus. Canis affert ; attulit ; afferto ; attulerit ; afferet ; attulisset ; afferret. Panis afferebatur ; allatus fuit ; afferretur ; allatus fuerat ; afferendus ; afferretur. Ibit ; eunt ; iremus ; ivêre. Abiit ; abeat ; abires ; abivistis ; abivissent ; abivisse ; abiturus ; abiens ; abeundo ; abiturum fuisse.	Aller. Ire, eo, is, ivi, itum. Apporter. Afferre, fero, fers, attuli, allatum. Avoir coutume. Solere, eo, es, solitus sum. Avoir du chagrin. Mœrere, eo, es, mœstus sum. Brebis. Ovis, *gén.* is, f. Cerf. Cervus, *gén.* i, m. Devenir. Fieri, fio, fis, factus sum, factu. Domestique. Famulus, *gén.* i, m. Emporter. Auferre, fero, fers, abstuli, ablatum. Fruit. Fructus, *gén.* ûs, m. Homme. Homo, *gén.* inis, m. Messager. Nuntius, *gén.* ii, m. Nouvelle. Nuntius, *gén.*, ii, m. Oser. Audere, eo, es, ausus sum. Porter. Ferre, fero, fers, tuli, latum. Prisonnier. Captivus, *gén.* i, m. Vent. Ventus, *gén.* i, m. Voleur. Fur, *gén.* furis, m.	Abeo, is, ii, ou ivi, itum, ire, s'en aller. Calamus, *gén.* i, m., plume. Canis, *gén.* is, m., chien. Mendax, *gén.* acis, m., menteur. Navis, *gén.* is, f., vaisseau. Panis, *gén.* is, m., pain. Puer, *gén.* eri, m., enfant.

EXERCICES SUR LES CONJUGAISONS.
Verbes irréguliers.

EXERCICES FRANÇAIS.	EXERCICES LATINS.	DICTIONNAIRE DES THÈMES.	DICTIONNAIRE DES VERSIONS.
13°. L'arbre a péri ; il aura péri ; il périrait ; il périt, il aurait péri ; devant périr ; périssant. Vous pouviez ; il peut ; nous avons pu ; ils avaient pu ; tu pourras ; ils pourront ; qu'il puisse ; je pourrais; nous aurions pu ; qu'il ait pu, avoir pu. Je voulais ; tu ne voulais pas ; il voudra ; je ne voudrai pas ; nous avons voulu ; ils n'ont pas voulu ; il avait voulu ; vous n'aviez pas voulu ; que tu veuilles ; que vous ne vouliez pas ; je voudrais; il ne voudrait pas; il aurait voulu; nous n'aurions pas voulu. **14°** Ne veuille pas ; ne veuillez pas. J'aimerais mieux ; il aima mieux; tu aimais mieux; nous avons mieux aimé ; il aura mieux aimé ; nous aimerons mieux ; que vous aimiez mieux ; qu'ils eussent mieux aimé ; avoir mieux aimé. Je me souvenais ; ils se souviennent; souviens-toi ; que nous nous souvenions ; qu'il se souvînt ; souvenez-vous ; ils se souviendraient. Nous haïssons, il hait , ils ont haï ; vous haïtes ; tu haïras , j'avais haï ; ils haïront ; vous haïrez ; que tu aies haï ; avoir haï ; devoir haïr ; ayant haï.	**13°** Agmen interiit ; interibit ; interiret ; interiisset. Segetes interierunt ; interibant; interirent; interierint. Nequis ; nequeunt; nequeat; nequeamus ; nequeant. Noluerat; nolimus; nolunto; nolles; nolens. Malimus; malueritis ; malemus; malletis. Cœpimus ; cœperatis ; cœperunt ; cœpturus. Mementote ; meminerimus ; meministis ; meminissetis ; meminisse. Odistis ; osi sunt ; oderimus ; oderat ; osi fuerimus ; odisses ; osi fuissetis ; osurum fuisse ; osurus. **14°** Aiebas ; ait ; aistis ; aiunt. Inquisti ; inquiunt ; inquit. Oportebit; oportuerit; oporteret ; oportuisset ; oportèat ; oportuisse. Illum pœnitebit; nos pœnituit ; pigrum (*) pœnituerit ; pœnituisset ; pœniteat. Juvenem puduit ; pudebit ; puduerit ; puderet ; nos pudet ; te puduerat ; illos puduisset ; vos pudeat. Avarum non miseret ; non miserebit ; nos miseruit ; te misereret · miseruisset. Otiosum tæduit ; tædet ; illos tæduerit ; vos tæduis	Arbor, *gén.* oris , f. , arbre. (Pour les verbes , voyez les tableaux des verbes irréguliers).	Agmen , *gén.* minis, n., troupe. Juvenis, *gén.* is, jeune homme. Piger , gra , grum (adj.) , paresseux. Otiosus, a, um, oisif, l'homme oisif. Seges , *gén.* etis , f., moisson.

(*) Avec les cinq verbes , *pœnitet , pudet , tædet , piget , miseret ,* le nom ou pronom qui sert de sujet au verbe français, se met à l'accusatif en latin.

www.ingramcontent.com/pod-product-compliance
Ingram Content Group UK Ltd.
Pitfield, Milton Keynes, MK11 3LW, UK
UKHW021143140726
13695UKWH00005B/1938